その家が「空き屋問題」になる前に読む本

一級建築士が伝えたい『空き家問題』解決法

家づくりの一級建築士
小林 桂樹

はじめに

あなたは「自分の親の家が空き家になるかも」と思ったことはありませんか？

あなたが「親の家」を離れて自分の家を持ち、自身の家族と暮らしているのなら「親の家」が空き家になる現実が待ち構えている時代になっています。こうした「もしも」に心の準備をしておくことをお勧めします。否、あなたが独身であったとしても「実家が空き家になる」運命と考えておくことをお勧めしたいのです。

わが国では、「我が家」での子育てが終わると子どもはその「親の家」を離れて暮らすようになります。そうしてあなたの「我が家」は夫婦ふたりきりの家になります。

子どもが独立して夫婦ふたりの暮らしをしている家なら「この家は空き家になる」と考えておくことが欠かせない時代になって久しいのです。

なぜなら自分が育った「親の家」を出て、独り立ちして、就職先を見つけて、独りで頑張って働いている子どもは、その家には戻って暮らすことができないからです。戻りたいと思っていても「働きたい会社で働き続ける」と決めた時からそれは叶わない夢になっています。

現代の日本では多くの若者たちが「親の家」を出て、一人暮らしをはじめ、就職して、多くの出会いの中で伴侶を見つけて結婚し、子育てのために家を探して、通勤のことや子どもの就学のことを考えながら気に入ったところで「我が家」を手に入れていきます。

子どもは、こうして自分の家族の暮らしがはじまるので、決して遠くない将来に「親の家が空き家になる」現実に向き合うことになります。

あなたが育った「親の家」は現在どうなっていますか?

あなたの「親の家」は両親だけが残されて夫婦ふたりで暮らし、時と共にあなたを悩ます空き家になる運命にあると言えるのです。

もしかしたら既に空き家になってしまっているのではないですか?

こうした現実は、空き家問題はおこるべくしておこっていることを物語っています。

では、あなたは「自分の家が空き家になるかも」と思ったことがありますか?

「そんなばかなことがおこるわけない。」と思いましたか?

あなたが自分の家族のために手に入れて、今住んでいる「我が家」は、『住み慣れた自分の家』、『家族を育ててくれた温もりのある家』、ましてや新築当時にはこだわりや願いを詰め込んで、家族で同じ屋根の下で暮らしてきて、懐かしい思い出がいっぱい詰まった世界にひとつしかない『家』ですね。そして、あの時こだわったあそこ、お気に入りのここ、そんな場所がきっとどこかにあるはずですね。

住み慣れた「我が家」には、こうしたあなたの、そしてあなたの家族のそれぞれの思い出の場所（自然に家族みんなが集まるところ）やお気に入りの場所（なんだか居心地が良くて落ち着くところ）、お気に入りの物（机や椅子や食器棚やテーブルなどの家具調度品など）、家のところどころにありませんか？

繰り返しますが、こうしたあなたの「我が家」が空き家になる運命にあるのです。

こだわりをひとつひとつ丁寧にかたちにしていって、暮らしの中でお気に入りの場所も設えていったにも関わらずに、その「我が家」が空き家になるなんて想像もできないでしょう。「考えてみたくもない」が本音ではないでしょうか？

しかし、待っている現実は、あなたの「我が家」は空き家になる運命にあるということです。

なぜなら、あなたの子どももあなたと一緒で、「親の家」から独立して一人暮らしをはじめ、就職して、多くの出会いの中で伴侶を見つけて結婚し、子育てのために家を探して、気に入ったところ社会生活に便利なところで暮らしはじめるからです。

もちろん、最近は男女ともに独りで働き、「一人で暮らす家」も多くなっています。しかしながら、彼らが「親の家」に戻って再び親と一緒に暮らすことは少なくなって稀有なことになっています。

もうひとつ忘れてはいけない要点は、多くの若者はサラリーマンになることです。会社に勤めていると、昔と変わらずに会社都合の転勤があります。せっかく手に入れた「我が家」にも住むことができずに、『家』が重荷になることも考えられます。

どんな事情であれ、あなたが手に入れた「我が家」の多くが誰も住まない空き家になる運命にあると言えるのです。こうして考えてみるとあなたも不安になりませんか？「いったいこの家はどうなるのだろう」と。

安心して下さい。そうした運命は変えられるのが進歩発展を続けてきた現在社会です。

空き家になる運命の「我が家」もあなたの資産であることには変わりがありません。

あなたの「我が家」、ご両親が今住んでいる「親の家」、その資産を「お金を稼ぐ資源」にすることを考えてみてはどうでしょうか。

住み慣れた家に手を加えることで、これから先の暮らしを支えてくれる家にして、人々が暮らしやすい地域での日常を支える資源にしていくことにもつながっていきます。

家という資産は、地域社会に役立てる資源にしていくことで、そこで循環再生させるために投資する価値が生まれます。資源になった家に新しい投資をすれば、若い世代が暮らしやすく、またシニア世代には快適簡単に楽しく老後を過ごす家になります。

こうした資源はお金を稼ぐための投資の対象にもなります。

本書では、これまで置き去りにされてきた「持ち家が空き家になる」理由を明らかにして、あなたの「我が家」や「親の家」を所有するための資産ではなく、活用してお金を稼ぐ資源にするためのポイントを不動産を取引する資格を持つ一級建築士の視点でまとめました。

本書が、あなたの「我が家」や「親の家」を誰も使わない、誰も住まない空き家にすることを避ける手助けになることを願っています。

目次

第2章 一級建築士的空き家の使い方 41

第3章 これだけは知って欲しい家のリフォーム・リノベーションの実際 61

第5章 空き家問題解決のエキスパートたち 113

第6章 『空き家』に関するろくでもない事例 131

第7章 実際に空き家に関わっている一級建築士とのQ&A 21 151

第1章

日本の空き家が生まれる理由（わけ）

●相続するだけ無駄かも？増加する空き家と空き地を考える

あなたは、人口が増えて経済が発展していった高度経済成長の時代の日本社会のことをテレビや新聞雑誌で見聞きしたことがあると思います。

この時代は「住宅が足りない」と言われ、日本住宅公団（時代と共に、住宅・都市整備公団から都市基盤整備公団へと組織が変わり、現在は都市再生機構［UR］となっている）が設立されて、国の施策として住宅不足の解消に『公団住宅』を企画開発して広く供給していました。因みに、この『公団住宅』の企画開発で「LDK」の間取りが生まれました。（『公団住宅』では2DKの間取りが主流で「食寝分離」の生活様式の一般化が進められていきました。）

国の「国民の住宅を増やす」施策で『公団住宅』の供給戸数が順調に増え住宅不足は解消されていきました。

同時に、民間でも「住宅メーカー」が生まれ、多くの核家族が集って住まう『団地』と双璧をなすことになる『新興住宅地（ニュータウン）』として戸建て住宅（土地付き一戸建て）を企画商品化して販売する仕組みがつくられ、足並みを揃えるようにして「マンション開発業者」

が、独自ブランド名のマンション住戸を供給するようになっていきました。

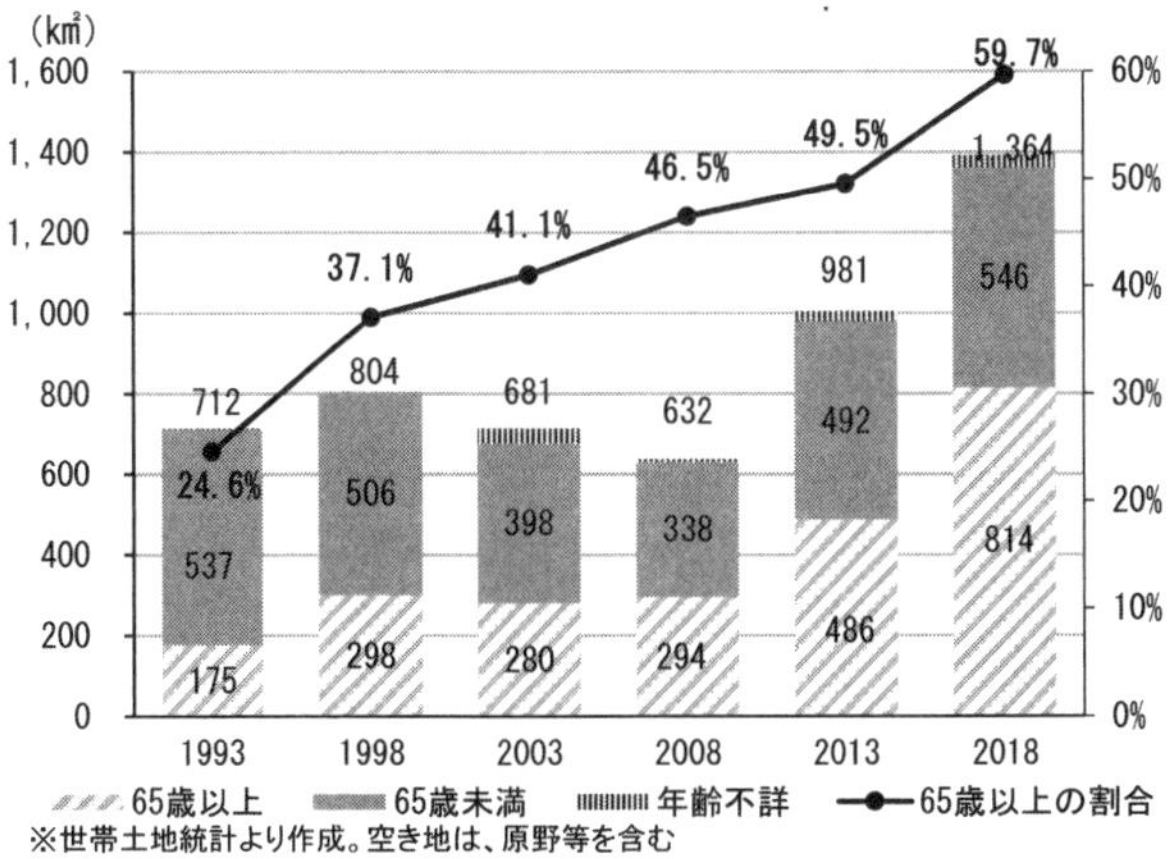

【出展】：国土交通省「増加する空き地の現状について」

図 1- 年齢別空き地の所有面積の推移、平均年齢

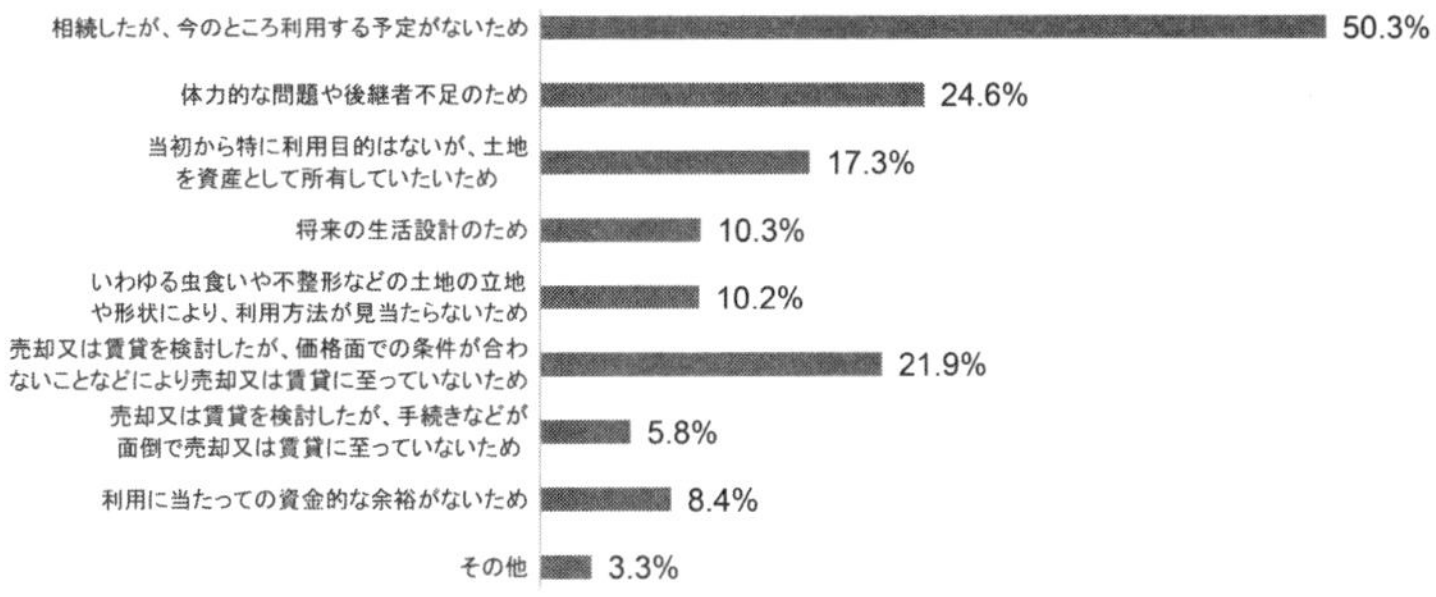

【出展】：国土交通省「人口減少・高齢化社会における土地利用の実態に関する調査」

図 2- 所有する土地を利用していない理由（複数回答）

そうした施策と努力の甲斐があり、官民が足並みを揃えるようにして共に住宅不足が解消していきました。

ところが、しばらくすると「住宅余り」がはじまりました。国内の総世帯数を住宅総戸数（マンション住戸も含む）が上まってしまったのです。

そうした中でも住宅地の開発が進んで空き地も増えていきました。しかし、「少子化」といわれる人口減少の時代になった現在でも新しい住宅地の開発や高層マンションの供給戸数が右肩上がりです。「親の家」はそのままで、若い世代は「我が家」を手に入れていきます。

「日本は住宅が余っている」と言われて久しいですが、その時代から新築の家ばかりが供給され、古い家はそのまま取り残される不思議な現象が続いています。古い家はそのまま誰も住むことも使うこともなくその場に残して、新しい場所で新しい家（戸建てやマンション住戸）を手に入れる事例が多く見られるのです。相続してもほったらかしにされています。

そうして、令和の時代になった現在、『空き家問題』として「増えていく空き家を減らそう」と声高に叫ばれるようになっています。

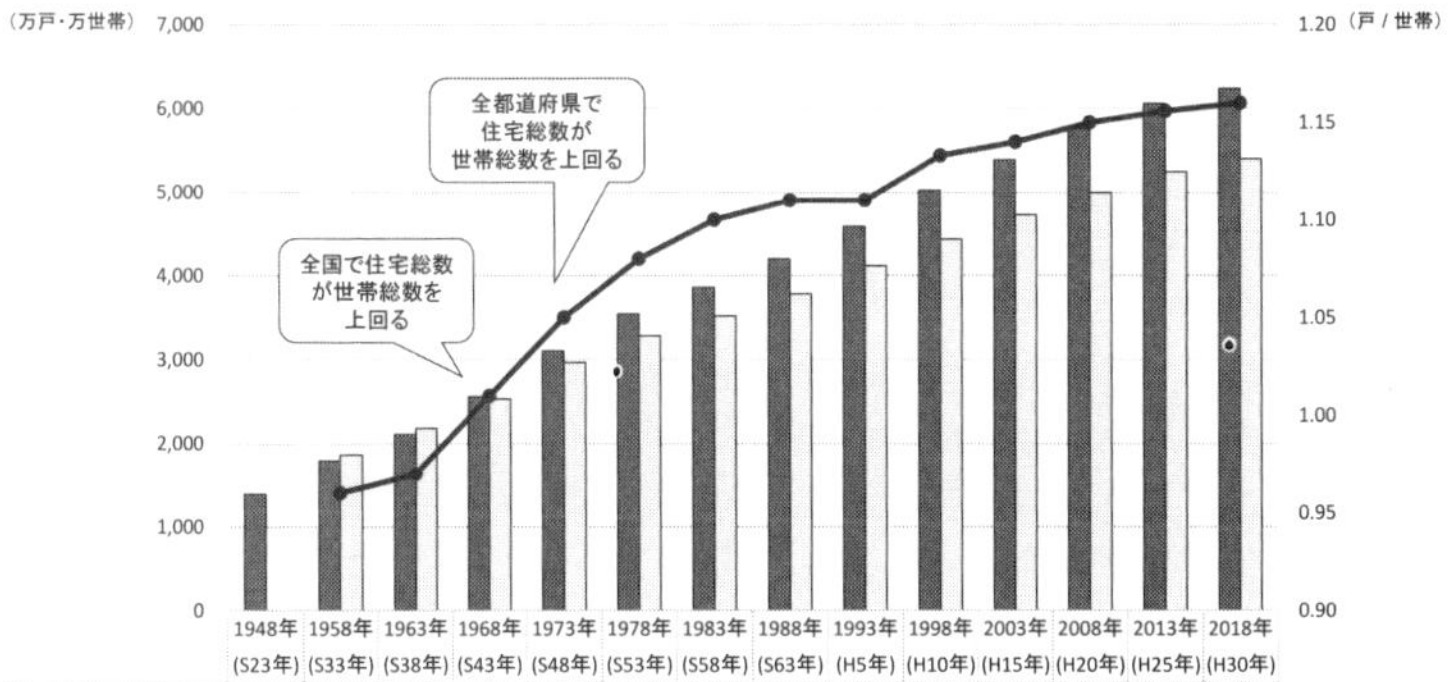

	1948年 (S23年)	1958年 (S33年)	1963年 (S38年)	1968年 (S43年)	1973年 (S48年)	1978年 (S53年)	1983年 (S58年)	1988年 (S63年)	1993年 (H5年)	1998年 (H10年)	2003年 (H15年)	2008年 (H20年)	2013年 (H25年)	2018年 (H30年)
■住宅総数	1,391	1,793	2,109	2,559	3,106	3,545	3,861	4,201	4,588	5,025	5,389	5,759	6,063	6,241
□総世帯		1,865	2,182	2,532	2,965	3,284	3,520	3,781	4,116	4,436	4,726	4,997	5,245	5,400
※1世帯当たりの住宅数		0.96	0.97	1.01	1.05	1.08	1.10	1.11	1.11	1.13	1.14	1.15	1.16	1.16
■空き家率	-	-	-	4.0	5.5	7.6	8.6	9.4	9.8	11.5	12.2	13.1	13.5	13.6

（注）世帯数には、親の家に同居する子供世帯と住宅以外の建物に居住（2018年＝約39万世帯）を含む。

【出展】：総務省「住宅・土地統計調査」

図 3- 住宅ストック数と世帯数の推移

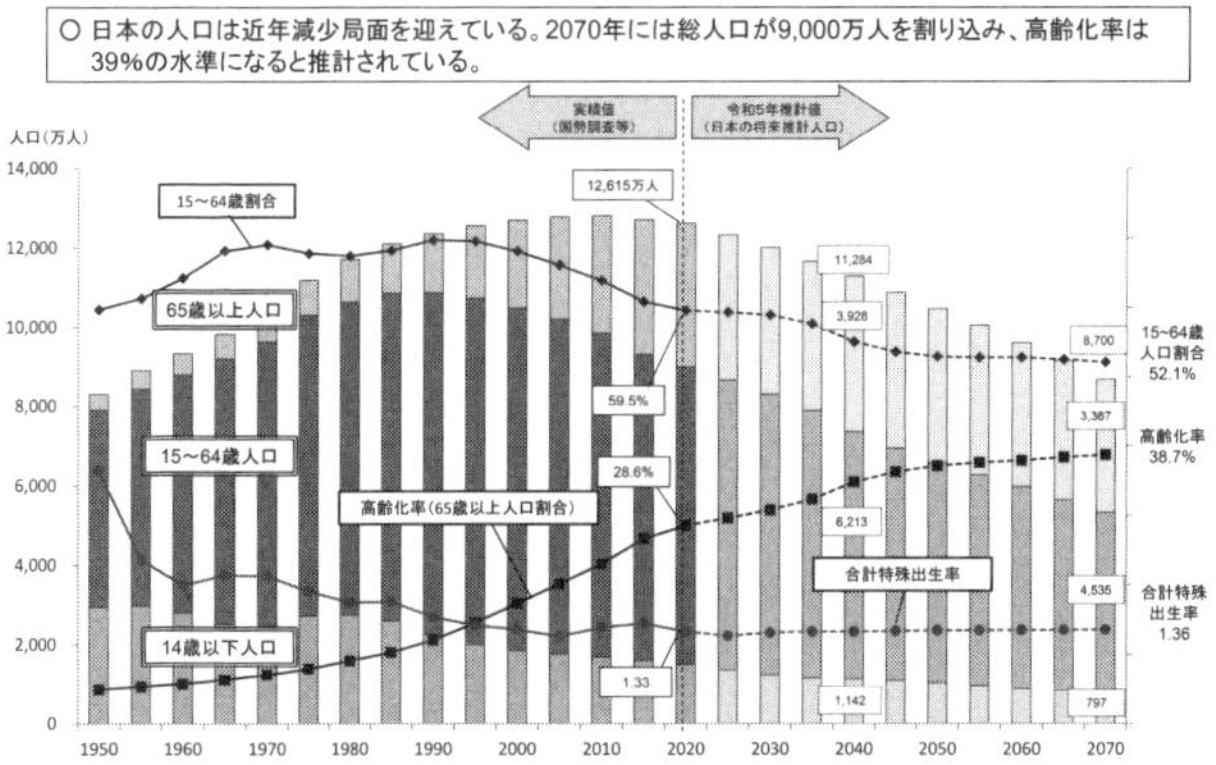

（出所） 2020年までの人口は総務省「国勢調査」、合計特殊出生率は厚生労働省「人口動態統計」、
2025年以降は国立社会保障・人口問題研究所「日本の将来推計人口（令和5年推計）」（出生中位（死亡中位）推計）

【出展】：厚生労働省「将来推計人口（令和５年推計）の概要」

図 4- 日本の人口の推移

空き家が増えていくにはちゃんとした理由があります。

それらの「空き家になる理由」を紹介します。

●空き家になる理由その1：人口の減少と高齢社会の到来

日本では平成の時代から国内人口が減り続けています。

二〇〇五年（平成一七年）に「人口減」が記録されて、これまで多少の増加もみられましたが、総務省からは「十五年連続の自然減少、減少幅は拡大」と発表されていました。

しかも長い少子化により、人口が減少することで人口に占める高齢者の割合が年々増加傾向になっています。

実は、現在の日本社会は、「少子化」と「高齢化」を通り越して、少子社会と高齢社会になっています。文字通り「子どもが少なく高齢者が多い」社会です。

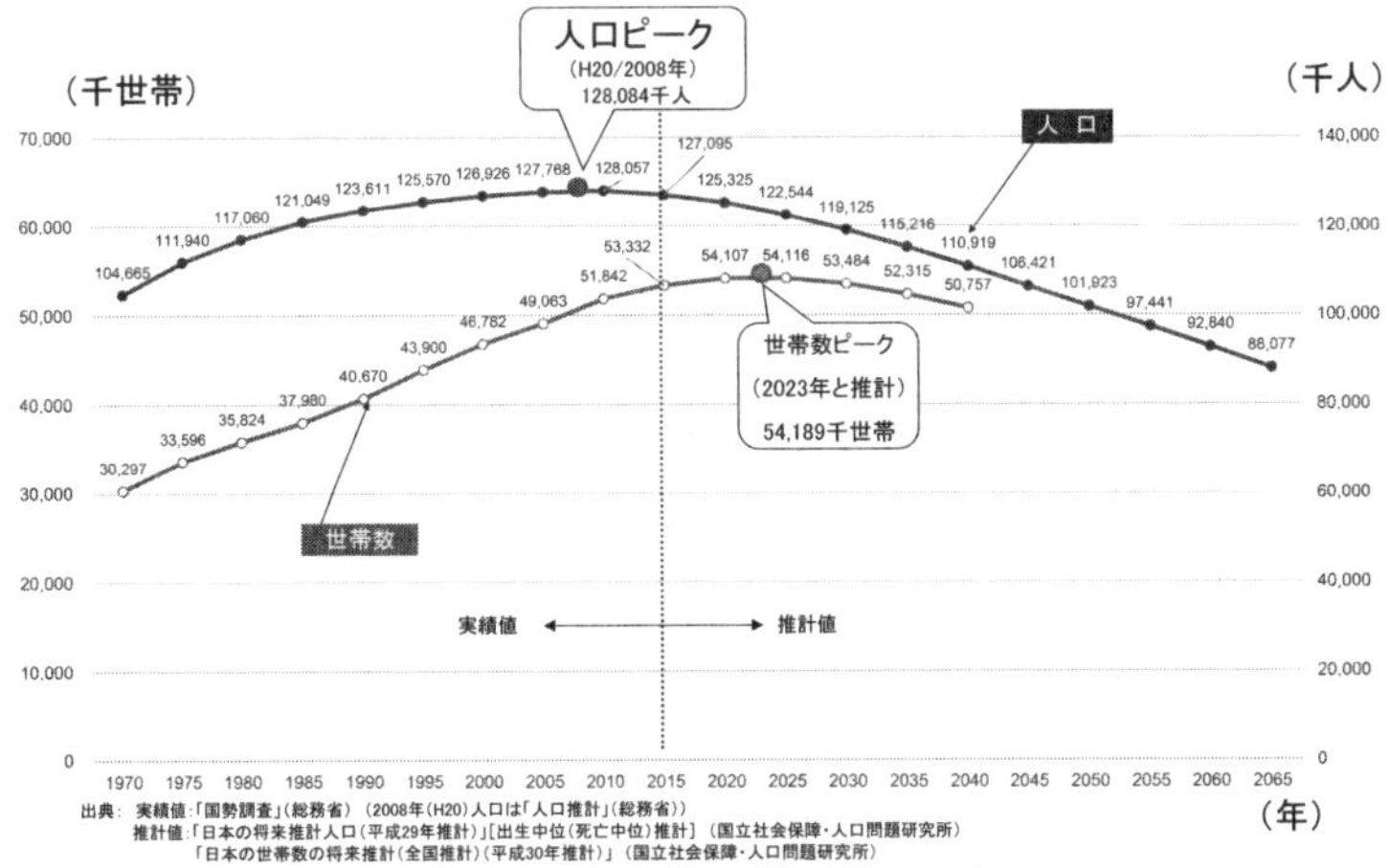

【出展】:国土交通省「空き家対策の現状について」

図 5- 人口・世帯数の推移及び将来推計

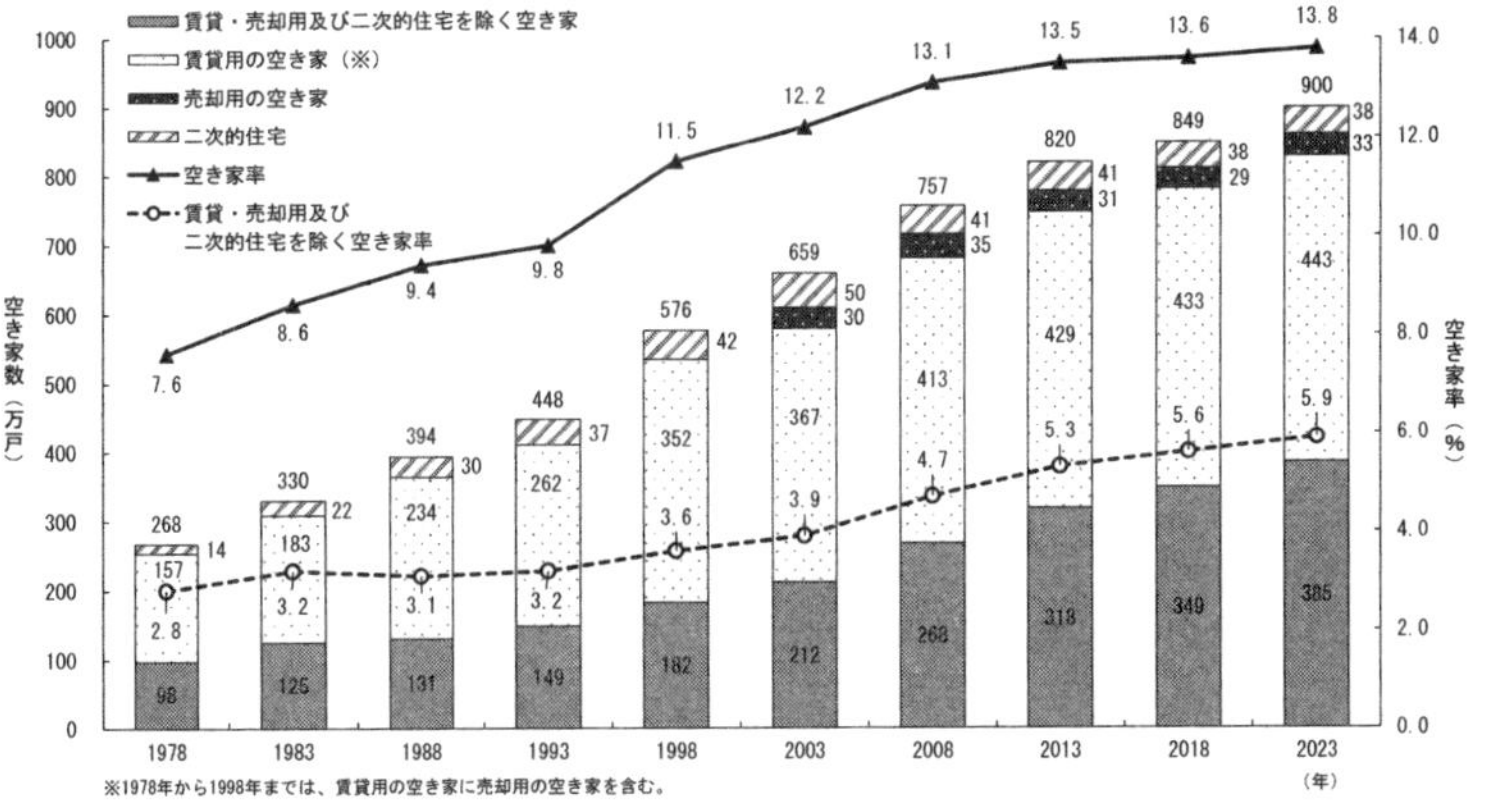

【出展】:総務省「令和 5 年住宅・土地統計調査」

図 6- 空き家数及び空き家率の推移 - 全国(1978 年～ 2023 年)

高齢者の方々は、その多くが「持ち家」を所有しています。その「持ち家」は、戸建て住宅やマンション住戸などです。

わが国日本では、今も昔も戸建て住宅は「土地付き一戸建て」として根強い人気です。「若いうちの子育てには庭があった方がいい」とも言われています。

高齢者が人口の一定割合を超えると高齢社会と言われます。少子化と高齢化がはじまっていた日本では一九九五年にそれぞれ一定割合を超えました。

「少子高齢社会」というべき時代になって久しいのです。

昭和の時代から日本は国民が長生きできる長寿社会でした。「将来は高齢化社会になる」と予想されていました。

しかし、誰もが予想しなかった「少子化」がはじまりました。社会をどのようにして支えていったらよいのか不安と共にその対策を何とかしなければと声高に叫ばれていましたが、令和になった現在も少子化対策の決め手もなく、子どもの数は減少し続けています。

子どもの数が減って、長生きする人たちが増えていくと、高齢者の人口に占める割合が多くなって「高齢社会」になるのは必然です。

人口に占める割合が増えてきた高齢者の方々の多くが、自己所有する「持ち家」に暮らしています。ただでさえその数が少ない子どもはその「親の家」には戻ることができません。多くの子どもたちは各人各様「生活しやすいところ」に暮らしているからです。

その結果、多くの「親の家」が誰も住まない家になり、これから先「空き家」のままになっていきます。

空き家になる理由その2：雇用が家族を解体

あなたが生まれ育ったところはどこですか。

この本を手に取ったあなたは、親元を離れて「自身が生活しやすいところ」で暮らしているのではないですか。そこは「通勤がしやすい場所」ではないですか。

そんなあなたは将来、親元に帰って「親の家」で一緒に生活する想像をしたことがありますか。

社会人になったあなたが「親の家」を出て、アパート暮らしや貸家住まいを経て、現在の家に暮らしはじめたきっかけは進学や就職ではないですか。

現在会社員として働いている多くの人は、親元に帰ることなく、自身が就業して働いている会社への通勤の都合に合わせて「住むところをさがして」暮らし続けることになります。

こうして振り返って考えてみると、日本では雇用が家族を解体してしまったと言えるのです。

就職すると会社の都合で暮らす場所が決まっていきます。

そして働くことで家庭を持つようになります。子育てをして、子どもを自立させて、「我が家」から独り立ちさせます。その「我が家」に残るのはあなたの夫婦ふたりです。

そうです。あなたが「親の家」から独立してからこれまで辿ってきた道のりはあなたの子どもが辿ります。繰り返しになりますが、これはあなたが辿ってきた道のりと同じです。

あなたが育てられた家（親の家）は現在どなたが暮らしていますか。あなたの「残された親」が暮らしていませんか。

あなたの「我が家」の将来の姿がそこにあることに気付きませんか。

●空き家になる理由その3：子育て世帯の利便性の実現の結果

あなたが「我が家」を手に入れて暮らしはじめたきっかけは、「親の家」から独立して、社会人になり、ある程度年齢を重ねて生涯の伴侶を見つけて、自身の家庭生活をするのに便利な場所を選んで「この土地」に決めたことでしょう。

あなたのご両親もあなたと同じきっかけがあって「我が家」を手に入れて、「一国一城の主」（当時はこのことばが流行りでした）になって、その城（家）で子どもを「育て上げ」立派な社会人として独り立ちさせました。

その結果、思いもしなかった「この家が空き家になる」心配事を抱え込む羽目になってしまったということです。

『子育て世帯』の親は、我が子を養い「立派な大人」に育て上げることに全身全霊を傾けています。

これは親としては自然な感情で、文字通り一生懸命「子育て」に励み、独り立ちできる大人に育て上げて、「親の家」から巣立ち（独立）させます。

その結果、「我が家」に残るのは夫婦ふたりになります。

夫婦ふたりの暮らしになるのは、独り立ちした子どもにとって極自然に生活しやすい場所を選んで、その生活の場での便利さを追求した結果です。あなたたちがそうであったように。

事の始まりは、誰もが「自身が生活しやすいところ」で暮らしはじめることです。

振り返ると「我が家」がある地域に根付いて、転勤があっても単身赴任で乗り切って、子育てに勤しんで、子どもを独り立ちさせてきたのではないでしょうか。

もうお気付きかと思いますが、あなたが自身の両親にしてもらったことを自分の子どもにしてあげることになるのです。

自分たちが暮らす地域で、各人各様やりやすい方法で、「これが良い」と思える子育てを続けて、子どもを自立させ独り立ちさせていきます。

その結果、「我が家」で育って自立して独り立ちしていった子どもはその家には戻りません。戻りたくても戻ることができないのです。

こうしてその家は「空き家」になる一歩を踏み出していきます。

●空き家になる理由その４：新築住宅の流行り

私たち日本人は「新しいもの好き」と言われています。

それぞれの好みに合わせて新しいものを手に入れて便利に使っています。

日本は、新しいのもが手軽にそして気軽に手に入れることができる社会です。ものすごい速さで「新商品」が開発され、次から次へと広告宣伝されて販売され続けています。

例えば、どの家庭でも使われている洗濯用洗剤です。

昭和の時代に登場した「三種の神器」のひとつで、後に「白物家電」と呼ばれるようになった電気洗濯機で使われた洗濯用洗剤は、ものすごく大きな箱に入っていて目分量で都度使う量を洗濯槽の中に入れて使っていました。

それが計量カップで使う「粉末洗剤」から「液体洗剤」になりました。そして、計量がいらない「キューブ型洗剤」になり、手が汚れない個別パックの「ジェルボール型洗剤」になり、洗濯機の機能に合わせやすい「ワンプッシュ型ジェル洗剤」が販売され、二〇二三年には、個別パックの「スティック型パウダー洗剤」になりました。

正しく「手を変え品を変え」しながら新商品が開発され続けて「新販売」されています。

人が住む家も洗濯用洗剤のように「新商品」が時代に合わせて都度開発され、文字通り新しい商品として販売されています。

しかし、簡単に買い替えることができない商品が家です。

多くの人は、「我が家」を手に入れようと考えはじめてから様々な家（商品）を目にしていきます。選択の幅は広がり、その場その時での「出会い」「めぐり合わせ」の色合いが強いように感じますが、その商品を購入した人は、「選び抜いた達成感」を感じながら「我が家」を手に入れたことに満足していると思います。

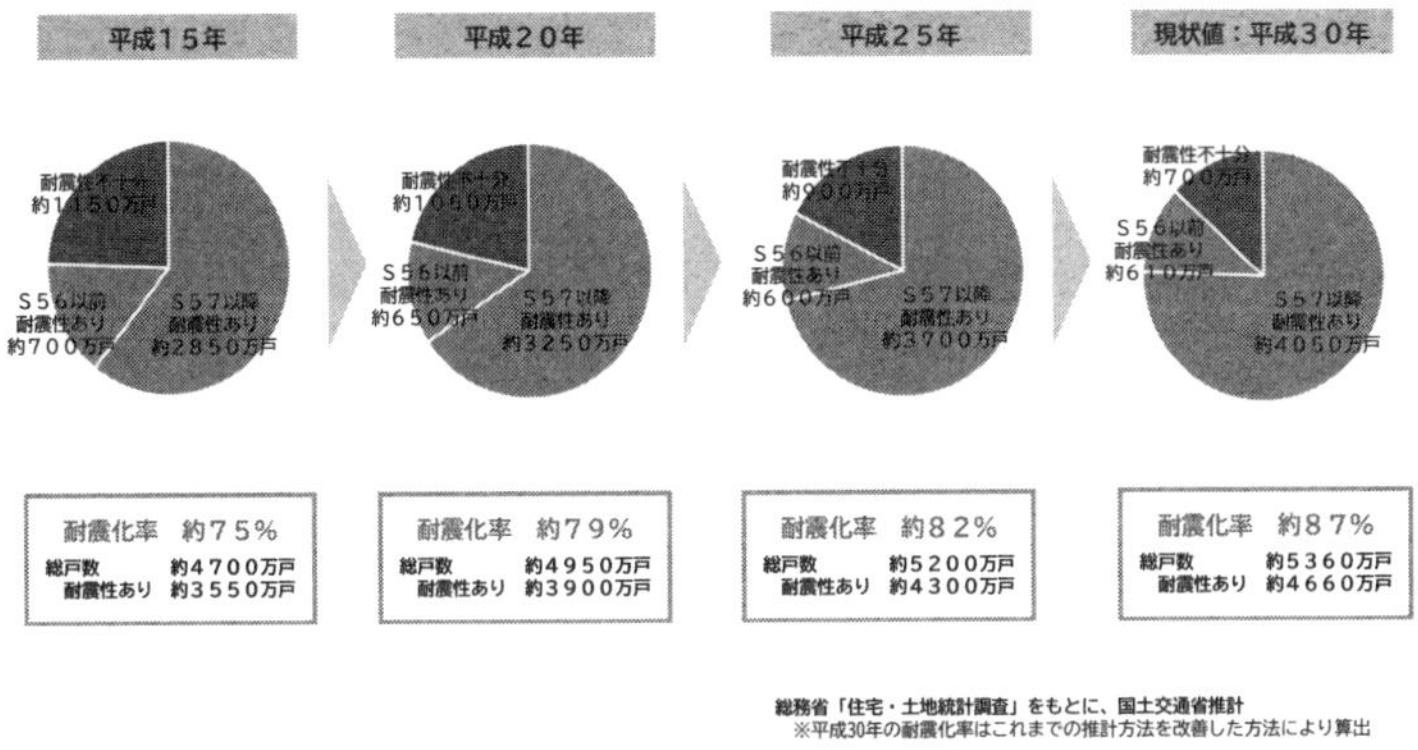

【出展】：国土交通省「住宅・建築物の耐震化について」

図 7- 住宅の耐震化の進捗状況

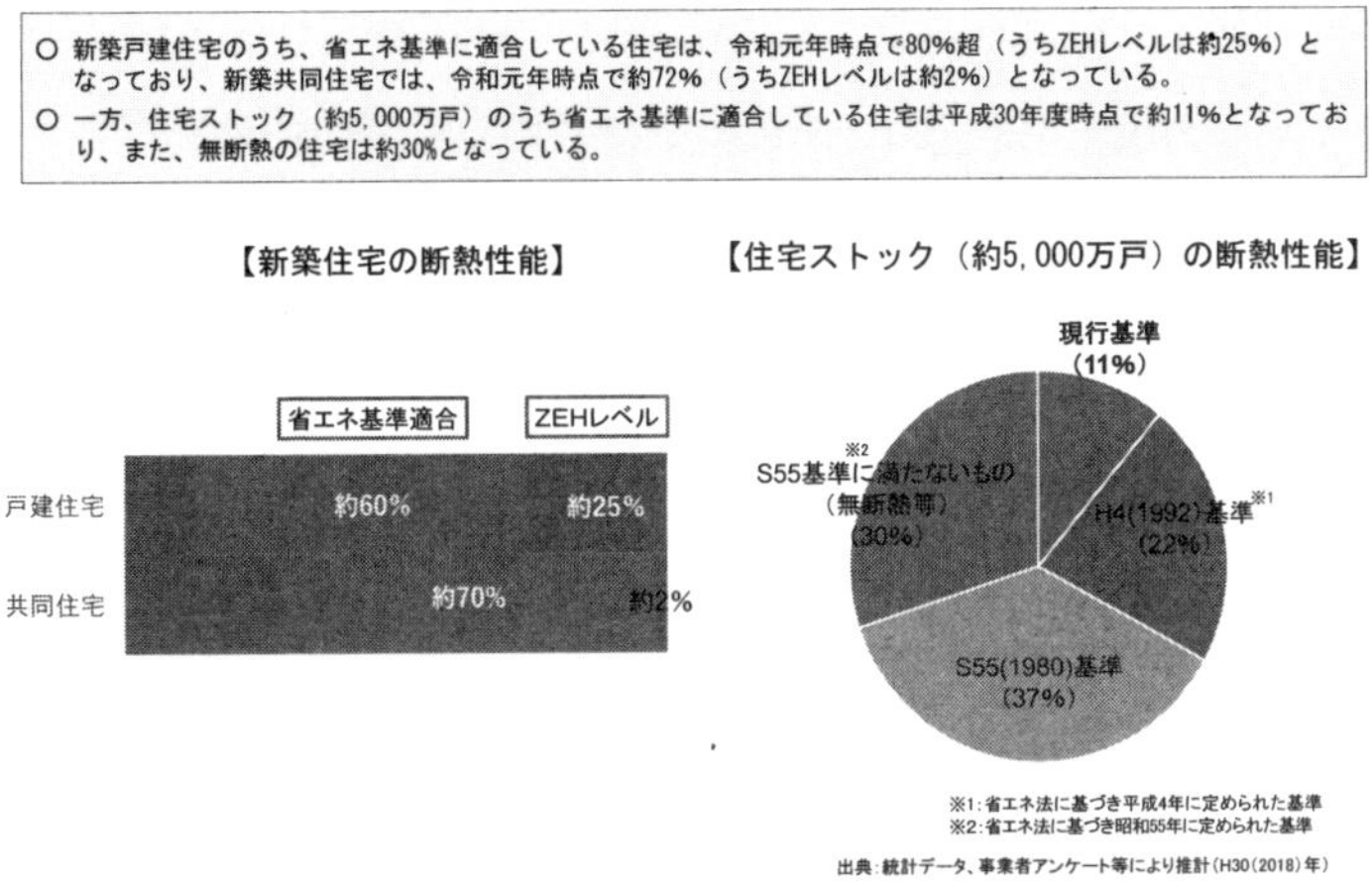

【出展】：国土交通省ホームページ

図 8- 住宅の新築・ストックの断熱性能

【住宅のバリアフリー化の状況】
（3点セット等の実施率（ストックに対する割合）

			全体	持家	借家	高齢居住
住戸内（専用部分）	A手すり（2ヶ所以上）		23.6% 【19.9%】	32.8% 【27.9%】	9.3% 【8.0%】	33.5% 【29.3%】
	B段差のない屋内		21.4% 【20.0%】	27.0% 【25.1%】	13.3% 【12.9%】	20.7% 【19.1%】
	C廊下幅が車椅子通行可		16.2% 【16.1%】	21.4% 【21.4%】	8.5% 【8.4%】	20.4% 【20.3%】
	ABCいずれかに対応		37.0% 【33.8%】	48.6% 【44.3%】	19.8% 【18.6%】	45.1% 【42.0%】
	A又はBに対応（一定対応）		**34.0% 【33.0%】**	**44.9% 【39.6%】**	**17.6% 【16.2%】**	**41.2% 【36.9%】**
	ABC全て対応（3点セット）		**8.7% 【7.8%】**	**11.7% 【10.6%】**	**4.2% 【3.9%】**	**10.7% 【9.5%】**
共用部分	D道路から玄関まで車椅子通行可	全体	12.4% 【12.4%】	15.0% 【15.5%】	8.7% 【8.2%】	14.8% 【15.6%】
		共同住宅	17.2% 【15.7%】	41.7% 【41.2%】	9.5% 【8.9%】	25.8%* 【24.1%】

注）【　】の値は平成20年値。「3点セット」は、「廊下幅」データが実態と乖離があることを勘案した補正値を用いて推計。「高齢居住」欄は、65歳以上の者が居住する住宅における比率。

出典：総務省「 平成25年住宅・土地統計調査（速報）」（一部特別集計）

結果	
住戸内における高齢者等への配慮のために必要な対策の程度	
5	高齢者等が安全に移動することに特に配慮した措置が講じられており、介助用車いす使用者が基本的な生活行為を行うことを容易にすることに特に配慮した措置が講じられている
4	高齢者等が安全に移動することに配慮した措置が講じられており、介助用車いす使用者が基本的な生活行為を行うことを容易にすることに配慮した措置が講じられている
3	高齢者等が安全に移動するための基本的な措置が講じられており、介助用車いす使用者が基本的な生活行為を行うための基本的な措置が講じられている
2	高齢者等が安全に移動するための基本的な措置が講じられている
1	住戸内において、建築基準法に定める移動時の安全性を確保する措置が講じられている
共同住宅等の主に建物出入口から住戸の玄関までの間における高齢者等への配慮のために必要な対策の程度	
5	高齢者等が安全に移動することに特に配慮した措置が講じられており、自走式車いす使用者と介助者が住戸の玄関まで容易に到達することに特に配慮した措置が講じられている
4	高齢者等が安全に移動することに配慮した措置が講じられており、自走式車いす使用者と介助者が住戸の玄関まで容易に到達することに配慮した措置が講じられている
3	高齢者等が安全に移動するための基本的な措置が講じられており、自走式車いす使用者と介助者が住戸の玄関まで容易に到達するための基本的な措置が講じられている
2	高齢者等が安全に移動するための基本的な措置が講じられている
1	建築基準法に定める移動時の安全性を確保する措置が講じられている

【出展】：国土交通省ホームページ

図 9- 住宅ストックの性能（バリアフリー）

それに、隣りにある「中古の家」を買って好きなようにリフォームして暮らすよりも、その隣りの土地に住宅ローンを組んで「新築の家」を手に入れる方が好まれます。たとえお隣りの家の中古リフォームで「お安く」手に入ることができるとしても損得よりも「せっかくだから」とばかりに新しい家（商品）が選ばれています。

日本は、家という商品を販売する側の品揃えが豊富で、新築の家が手に入りやすいので「中古の家」より新しい家（商品）に人気がある国なのです。

手に入れた当時は新築の家だった「親の家」は、親世代が暮らして子育てする役目を果たした「中古の家」と言えます。こうしたマインドの中で子ども世帯は、自分たちで新築の家（商品）が流行る日本の社会環境の中で「我が家」を手に入れてその家で自らの子育ての役目を果たしていきます。

その結果、子どもにとっての「親の家」は、その役目を終えた順に空き家になる運命を辿っていくと言えるのです。

●空き家になる理由その5：好きな場所、好きな環境で、好きな家を手に入れられる日本

好きな場所、好きな環境で、と言っても各人各様、自身がおかれている現況に合わせた結果になります。

「親の家」から独立して、社会人になり、勤務している会社に通勤しやすい地域を選んで、その地域の中で様々な環境（買い物に便利とか、子どもの学校が近いとか、或いは「親の家」にもいきやすいなど）を選んで、自分の好みで家を自由に探し出して、自身の都合に合わせて、好きな時に好きな場所に「我が家」を手に入れられる「仕組み」がわが国日本には整っています。

そして、好きな場所、好きな環境で、好きな家を気ままに手に入れることができる「仕組み」と同時に、「我が家」を手に入れる時に、多くの人がお世話になる住宅ローンの品揃えも豊富です。国の施策でも住宅金融公庫から連なる「住宅金融支援機構」が、住宅ローン金融の仕組みを整えて、国民が「我が家」を長期ローンで手に入れやすい環境を広く提供しています。

こうして、気軽にそして手ごろに「我が家」が手に入る条件が整っていると、「親の家」に戻っ

て住むという選択肢は最後列に追いやられてしまいます。それどころか選択肢にもならないことの方が多いかも知れません。

このように日本では、若いうちから「我が家」を手に入れる環境がつくられてきました。社会に出て自ら働き収入を得るようになると、家賃を払うよりも「あなたの資産になる家を早く手に入れた方が得だ」と言われ続けるようになりますし、月々の返済負担が少額になる五〇年返済の住宅ローンも販売されています。

「リスク」よりも損得が判断基準になっているのが現実です。

若い世帯の多くは、「我が家」を手に入れた後も子どもが増えることだってあります。自分の家族が何人家族になるのか分からないうちに、部屋の数が決まった間取りの家を手に入れることになります。

自分の家族のため、子育てのための「我が家」を手に入れたのに、その家の部屋の数に子どもの人数を合わせなければならないという本末転倒な「リスク」を負うこともあります。

そして、若いうちに、好きな場所、好きな環境で、好きな家を気ままに手に入れると、様々な「リスク」のひとつとして「親の家」は空き家になる道を歩み始めます。

●空き家になる理由その6：土地に関する税金の優遇措置

日本では住宅に関する税金の優遇措置が手厚く、新築の家を持つメリットとされています。

多様でややこしい税金の優遇措置の中では、その全てを紹介しきれませんが、特に家が建つ土地の固定資産税という「土地を所有することに掛けられる税金」の軽減があり、その優遇措置が『空き家問題』の根源とされています。

土地の固定資産税の優遇措置は、居住用としてその土地に新築住宅を建てると、その住宅の床面積の二〇〇㎡までの部分に「六分の一」の課税標準が適用されるというものです。

この優遇措置があるために、「親の家」が空き家のままになっている原因とされて、『空き家問題』の解決に、この固定資産税の優遇措置の見直しに焦点が当てられています。この優遇措置がなくなることで「空き家のままほったらかしにすると税金が六倍になる」と声高に言われる理由にもなっています。

しかし、その原因の多くは「税金が安いから」と「親の家」をそのまま空き家になるまでほったらかしにしているからではありません。そもそも「親の家」の固定資産税額を知る機会もなければ、知りたいとも思わない人が多いのではないでしょうか。

「親の家」は文字通り親が住む家です。「親の家」から独立していったそれぞれの子どもの家族には「我が家」での暮らしがあります。訳もなく「親の家」をほったらかしにしているのではありませんし、今のままでも自身の暮らしには何も影響がないのでそのままにして時間ばかりが過ぎていってしまうのが実情です。

要するに土地に関する税金の優遇措置が「空き家になる理由」に直接つながっているとは言い切れないのです。

なぜなら、多くの人は「親の家」の相続に関わるようになって、はじめてその家の固定資産税額を知ることになるからです。そしてその税額が「六倍になる」と聞くと誰もが落ちついていられなくなるのも仕方ありません。

こうしたことから、その時になってしまってからだと「親の家」は「税金が優遇されていた」

だけと考えるとして、両親がその家に暮らしている今のうちに「空き家」にしない手立てを講じる必要があると言えるのです。

●一級建築士が実感！空き家が増える理由（わけ）

現在、親世代が暮らしている家（親の家）は、空き家予備群です。

あなたのご両親は、それまで暮らしてきた「我が家」での慣れた生活の中で、特に手を加えることもなく、新築当時のままの「住環境」で、たとえ夏は暑くて冬は寒い不快な暮らしでも「こういうものだ」と現状を受け入れながら日常を過ごしていると思います。

その家の間取りも「我が家」を手に入れた若かった頃のままで、「使い慣れた」生活の動線を見直すこともなくそのままではないですか。

要するに、誰もがこれまでの「我が家」の住環境での暮らしに慣れきっているのです。

自身が長年住み慣れてはいるものの「こうしたい」「ああしたい」とか、「もっと快適にしたい」とか思ってみても、どうすれば良いのか分からないし、巷に溢れる家に関することは新築する時の話題ばかりで、住み慣れた「我が家」を快適にする手立てのヒントが極端に少ないので、その家を「手入れ」するやり方やその箇所ですら思いつかないのです。

一級建築士からみれば、住み慣れた「我が家」での不便や不快を解消できる手立ては豊富で、その時々の加齢に合わせた快適な住環境も、動きやすくて簡単な生活の動線も創りあげることが手軽にできます。こうした現在できることをやりながら「我が家」を快適な家にしてこれから先も暮らし続けることは、これからの人生を豊かにしてくれるはずだと思うのですが…。

住まう人が「この家は快適だ」と感じる家はきっと誰が住んでも快適です。

多くは「こんな家、誰も買ってくれない」とまるでその家が空き家になるのを待っているかのような様子が見受けられます。只今現在のその家の現状を受け入れて嘆いてばかりでは「空き家」への道が待っています。

子どもが独立した後、夫婦ふたりの暮らしを豊かにする家にすることを諦めているとあなたの家は「空き家」になってしまうでしょう。

コラム「まさかこの家が空き家になるなんて…」

この家を建てた時はまだ子どもが小さくて、それぞれの個室を工夫して与えました。

子どもは自分の部屋に閉じこもって勉学に勤しんで？高校を卒業して家を出ていきました。

この家で子どもを育てた思い出がいっぱい蘇ってきます。子どもも自分の部屋を好きなように使って「そこまでやらなくても…」とあきれたこともありますが、それもこれも思い出です。

子どもがいなくなって夫婦ふたりきりの暮らしがはじまり、二階にある子どもの部屋は、当時のままです。さしあたり不要なのか、なかなか捨てられないのか、子どもの私物がいっぱい残されています。改めて考えるとずっとこのままなんじゃないかなと思ったりします…。

そんな我が家も夫婦ふたりだけの暮らしになって久しいですが、家の中では、決まったところだけ歩き回っていることに気付きました。なんだか当時身の丈に合った「小さな家」だったことを考えると、「広すぎる家」が不思議です。

最近、夫婦ふたりにとって「広すぎる家」の将来はどうなるのか考えるきっかけがありました。

もしかしたら両親の家と同じ道が待っているような気がしています。

年老いた両親の家も夫婦ふたりきりの家になっています。

いつまでその家で暮らすことができるのか分かりませんが、いつかは片親になります。そして…誰もいなくなって「空き家」になるのでしょう。

同じことが我が家にもはじまっているのではないでしょうか…。そんなことが頭の中を過っています。

そんなことに気付いて、何とかしたいと思いながら時間ばかりが過ぎて行っています…。

（ある人のぼやき…）

第2章

一級建築士的空き家の使い方

●手遅れになる前にやっておきたいこと

空き家になった家は、それを手放す売買物件（売家など）か、所有しながらの収益物件（貸家など）にするか、空き家の「活用事例」をみるとこの二つの選択になるのが一般的になっています。

そうした中で、専門家からは「これまでの固定観念を払拭して」とか「空き家の活用には柔軟な発想で」とか、様々な「言うは易し、するは難し」なアドバイスが語られています。更に「シェアや情報発信といった発想で」と、まるで普通の人はできそうもないので専門家に任せるしかないというようなアドバイスも気ままに語られています。

このように空き家を売買物件や収益物件にする見立てでは、それぞれその取り組み方は様々です。そしてそのリスクや、良いことと悪いことなど気を回すべき点や注意すべき点が多くの視点で語られています。

その一方で、数多の「成功事例」が紹介されていて、まるで空き家の活用は簡単で身近で、誰でもができそうと感じ、魅力的にみせる「魔法の力」が振り撒かれているようです。

空き家活用は「それほどむずかしくない」とか「明確な特徴を出す」とかのアドバイスは、誰もが容易にできることではない事例です。残念ながら、こうした数々の「成功事例」は、あなた自身の『空き家問題』解決には直接役立てることはできません。なぜなら「成功事例」の空き家対策にも個々別々な背景や権利関係などが絡み合っているからです。

しかし、そもそものポイントは、これらはその家が空き家になってしまってからの「対症療法」です。「対症療法」は取り組みやすいのですが選択肢の幅は思いのほか狭いのです。

もしも、その家を売買物件として手放すことを決めたのなら、損得よりもできるだけ早く「そのまま」手を加えることなく手放すことをお勧めします。

なんだかんだと思いを巡らせ、「少しでも高く」と考えてしまいがちですが、あなたのそうした思いは、その家（売買物件）が欲しいと思う人には通じません。なぜなら、あなたの思いとは反対に「できるだけ安く」と考えるからです。しかも、その家（売買物件）が欲しいと思う人がいるのかも誰にも分かりません。その土地の「立地」が欲しいのかも知れません。

ここであなたに質問です。あなたは長い間誰も住んでいなかった家に住みたいと思いますか。

誰も使っていないものは誰も欲しがらず、誰も住んでいない家は誰もが住んでみたいと思わないのが普通です。空き家は文字通り誰も住んでいない家です。

誰も住んでいない空き家の多くは、その家の価値は見込まれずに、土地の価値（価格）だけで不動産資産としての売り買いを目的にした物件（売買物件）にされることになります。

これらは、その家が空き家になってからよく見聞きするケースです。

その家が空き家になってしまってからだと家としてそのままの活用の選択肢は限られてしまうのです。空き家になってしまってからではできることが限られます。

あなたの家が空き家になるには幸い時間が掛かります。「この家が空き家になる」という心配は、その時まで心の奥にしまっておきましょう。

そこで、今できること、やっておくことを考えてみませんか。

これから先、その住み慣れた家を楽して快適に老後を過ごす家に創りなおすことは容易にできます。そして将来あなたが住みやすい家は、誰にとっても住みやすい家になります。その家が空き家になる前に自分たちの快適簡単な暮らしのために活用することを考えましょう。

一級建築士的な発想から空き家問題を解決する手立てを参考にして、あなたの家が空き家になってしまう前にできることを勝手気ままに考え、その家を空き家にさせない取り組みをはじめることをお勧めします。

●家族のかたちから見える空き家になりそうな家

その家で子どもを育て上げて自立させ、社会人として独立させた後に、夫婦ふたりきりで暮らしている家は高い確率で空き家になってしまいます。

この様子は昭和の時代から目にするようになりました。こうした家は、それぞれの家族が暮らし、子どもを育てる役割を終えた家といえます。

残された夫婦ふたりで、これまで住み慣れた家はその姿（家のスタイルや間取り）を変えることなく、住環境も建てた当時のまま「夏暑くて冬寒い」家に暮らしている、こんな現状が多くみられます。

こうした暮らしの移ろいをみると、子育てを終えて子どもを自立させ、独立させていった夫婦ふたりが暮らす家がそのままの姿で空き家になっていく想像は誰にもたやすいと思います。

では…

「親の家」から独立して、手に入れた「我が家」で暮らすあなたは、夫婦ふたりと生み育てたあなたの子どもという家族で日常を過ごしています。

リビングでは家族団らん、子どもは気ままに自分の部屋で好きなことや勉強？をします。夫婦ふたりにとって「寝室」は寝るだけの部屋で、多くの時間をリビングダイニング（キッチン）で過ごしていることでしょう。

こうして日々の暮らしを積み重ねて、時の経過とともに、子どもは期待通りに？成長して自立して独立していきます。そして…将来は「我が家」での夫婦ふたりの暮らしが待っています。あなたの「親の家」と同じように…。

家族のかたちが「単世代（核家族）」ですと、その家は、いつかは役割を終えて空き家になる運命にあると言えます。まだまだいろんな役割を探し出して創り出すことができるのに…。

●子どもが実家を離れたら空き家の予備群の仲間入りです

あなたの子どもがあなたの家で育ち義務教育を終えて、進学や就職でその家を離れると、空き家になる第一歩がはじまります。

誰もがその時点では想像しないと思いますが、これまでの日本の家族のかたちや、社会の仕組みを見つめ直したら容易に「その通りかも」と思い当たると思います。

子どもは「自己都合」（決して身勝手ではなく）で、それぞれ自身の進学や就職をきっかけにして「通勤通学に都合の良いところ」「社会生活がしやすいところ」を見つけて暮らしはじめます。進学した大学や専門学校に近いとか、アルバイトがしやすいとか、就職した会社に通勤しやすいとか、その理由は個別で多様です。

このようにして一人暮らしをはじめた子どもは、生まれた実家（親の家）にはたまに帰ってくるけど、その家に戻って生涯を過ごすことは考えないし、考えてみることもしないでしょう。極々自然に「通勤通学に都合の良いところ」「社会生活がしやすいところ」を見つけて暮らす家（はじまりの多くは賃貸物件）を選び出して気に入ったところに生活の拠点をつくります。

そして、様々な事情で暮らす場所や賃貸物件を変えることはあっても、実家（親の家）を出た切りで戻ることもなく、生涯の伴侶を見つけると一緒に生活する場所を選び抜いて「我が家」を手に入れることになります。

このようにあなたの子どもは自身の親と同じ道を歩みながら、「我が家」で自分の家族を夫婦ふたりで養いながら、子どもを育て上げて、自立させ、その家から独立させて、こうして誰もが親の役目をはたしていきます。

こうした家族と子育ての流れは今後も続いていくことでしょう。

子どもは両親に育てられ、次第に自立する大人になり独立して自分の家族をつくり「我が家」を手に入れて、自身の子どもを養い立派に？育て上げていくことでしょう。

そして、多くの家族が同じ道のりを歩んでいき、それらの「我が家」は将来、空き家になっていくのです。こうした未来を見つめると今だからできることとやるべきことがあります。

●夫婦二人だけの暮らしがはじまったら空き家になる想像をしてみましょう

ここで大切なのは、子どもは、いつかは自立して独立していくという心構えです。

子どもが自身が育ったその家を出ていったらはじまるのが「残された」夫婦ふたりだけの暮らしです。そして、その暮らしが、住み慣れてはいるものの夫婦ふたりには広すぎる「我が家」で生涯続いていくことになるのです。

あなたはそんな想像をしてみたことがありますか。もっと踏み込むと、そのまま時が流れて夫婦ふたりの暮らしが終わったら…その家が空き家になってしまうことは今から想像できると思います。

しかし実は、夫婦ふたりの暮らしはどんな変化がおこるのか考えるのも意外に楽しいかも知れません…。この機会に夫婦ふたりの暮らしを楽しんでいくことを考えてみませんか。新婚当時の気持ちに戻るのはなかなかできないと思いますが、夫婦ふたりきりのその暮らしは「現在を楽しむ」自由があるはずです。

住み慣れた家がそのままなので、これまでの慣れも手伝って、今更新しい暮らしに思いをめぐらせるのはなかなかできないと思いますが、日々の暮らしを快適にするために住環境を変えてかつ生活の動線を簡単にすることを思い描いてみませんか。

住環境を変えるということは、「夏涼しく冬暖かい」快適な家にすることです。時代に合わせた省エネな暮らしも一緒に実現することができます。

そして生活の動線は、日常的に使う部屋を限定して、子どもの部屋は「荷物置場」として割り切ってしまうなど、加齢に合わせて動きやすく単純にすることが要点になります。

例えば、二階建ての家は、2階を生活空間から切り離してしまい、一階の間取りをやりくりしてコンパクトな「家」にするなどいろいろな工夫ができます。

こうした夫婦ふたりきりなど、その時々の家族の現況に合わせた家の暮らし方に合った間取りの工夫や住環境の再構築は一級建築士が詳しいです。

●一級建築士が考える空き家にしないための今からの「家の手入れ」

あなたは、年齢を重ねて、加齢に合わせて様々な「変化」を実感しているのではないでしょうか。

そんな今だからこそ、これまでの「我が家」での暮らしの経験体験から「ああしたい」「こうしたい」「こうだったらいいのに」などなど、暮らしを楽にしたいという思いを持たれていることでしょう。

現在はなんでもできる時代になっています。しかもできるだけコストを掛けないで、気軽に手軽に「やりたいこと」を実現できる仕組みが整っています。

子どもが独立していって、あなたの夫婦ふたりで暮らす「我が家」も現況に合わせて「家の手入れ」をする機会が訪れています。改めていうまでもありませんが、「手入れする」ということは、都度気が付いたことに手を加えて「常に良い状態に保つ」ということです。なので、「面倒だし…」と思いながら我慢して暮らしていくのは禁物です。

「家の手入れ」は、あなた自身でできることは沢山ありますすし、実際にいろいろな手入れを様々な場面でされてきたことかと思います。家に手を入れると、都度、暮らしの快適感が思いのほか上がったことを実感することができたのではないですか。

また、こうした「手入れ」の積み重ねは、家事炊事の作業の中では「ちょっとした工夫」として日々無意識になされていることと思います。

ここで、「我が家」が空き家になる第一歩と言えるマインドがあります。

それは「こんな古くて住みづらい家なんて…」と悲観的な発想をすることです。

「こんな家に誰がした」と考えるまでもなくあなたです。それまで「こんなもんだから」とほったらかしにしてきた結果と言えます。そうした家には誰も住みたいと思いません。

今からでも遅くはありませんので、これからできる「家の手入れ」をできるところからやっていくことで、空き家にならない「我が家」の第一歩がはじまります。

あなたの「我が家」での暮らし全体の過去と現在、そして未来を見つめ直して、「家の手入れ」として思いを巡らし、あんなことこんなことといろいろな思いつきを一級建築士に相談すればあなたが思い描く暮らしができる家のかたちの「最適解」に翻訳してくれます。

●家の築古年数はなんのその！「暮らしやすい生活空間」は創れる

これまで不便を感じたり不満があったりしても住み慣れているのが「我が家」です。

そんな「我が家」が劇的に快適簡単な家（住空間）に生まれ変わる想像をしたことがありますか。

人は日常の暮らしの中でいろいろなことに慣れていきます。「我が家」でも日常を過ごすうちに慣れがでてきて、「これが普通」と思うようになります。その中には「こんなもんか」という諦めにも似た感覚を持つようになってしまっていることもあります。

便利なこと不便なこと、快適なこと不快なこと、いろいろなことを感じながらもこれまで暮らしてきた「我が家」ではその環境に慣れているので、同じ家なので、どんなに日常の生活が楽になるのか、居心地がよくなるのか想像するのは容易なことではないと思います。

でも、育て上げた子どもが自立して、独立していった後、夫婦ふたりには広すぎる家になっている「我が家」での暮らしを見直しておくことで快適簡単な家にしていくことができます。その主がいなくなった子ども部屋は、そのドアさえ開けることが少なくなっていませんか。その部屋は物が物を呼び集めたような物置部屋になっていませんか。もしかしたらその部屋がある二階にも足を踏み入れることが少なくなっていませんか。

このように子どもがいなくなり、夫婦ふたりになった暮らしを見つめてみると、夫婦ふたりにとって必要な家の広さが見えてきます。

これまで暮らしてきた家を「最適な広さ」にすることで、家の中をあまり動き回らない楽な生活ができるようになることを思い描くことは容易ですし、それを実現することも容易です。

同時に、「夏涼しく冬暖かい」住環境に変えることも「我が家」での暮らしをコンパクトに創り変えながら容易にできます。

こうした「我が家」での暮らしを見直す時に役立つのが専門的な知識と経験です。

夫婦ふたりの暮らしのために「我が家」を快適簡単にして使い倒すアイデアの引き出しを沢山持っている一級建築士を頼りにすることをお勧めします。

●家の使い方はあなたの勝手次第！

これまで暮らしてきた「我が家」は、慣れもあってかそのまま「これまでと同じ時」が流れていきます。

時の流れと共に住み慣れてきた「我が家」なので、勝手知ったる便利なところがある反面、不便を感じるところもあろうかと思います。

しかし、その不便なところは、慣れから来る「諦め」にも似た、あるがままを受け入れる「やさしい気持ち」で、どうにかこうにか使いこなしていまがあるのではないでしょうか。

もちろん「我が家」の使い方はあなたの勝手次第です。「我が家」の中でのあるがままの暮らしもあなたらしさのひとつです。だからこそ、「我が家」でのこれまでの暮らし方をリセットするつもりにもなって、あなたの好みで自由自在にその家を「使い果たす」ことを考えてみませんか。

あなたの「我が家」を夫婦ふたりでこれまでのように住んでいるだけの家にしないで下さい。

時は流れて行っています。ほったらかしにしていても、これまでと同じ暮らしが続いていくだけです。

住み慣れた「我が家」でのもっと快適で気ままな暮らしは思いのほか手軽に実現することができます。「夏涼しく冬暖かい」家の中で、加齢からくる動作の衰えも気にならない暮らしが実現できるのです。あなたの「我が家」での、こうした住環境の再構築とも言える暮らし方の見直しは、あなたの「我が家」の使用価値を上げてくれます。

あなたが住み心地がよいと感じる家は、誰が住んでも住み心地のよい家になります。

あなたの「我が家」の使用価値を上げて、誰もが住み心地がよいと感じて住んでみたいと思える家へ再生するには、一級建築士が持っている専門的な知識と経験が役立ちます。

コラム「家のリフォームでこんなこともできるなんて…」

「家のリフォーム」ときいて思い浮かぶのは…。

・外壁の塗装の塗り直し
・屋根の葺きかえ
・屋根の断熱塗装

など、家の外観を見栄え良くするためのリフォーム。

・トイレ便器の交換
・風呂場のユニット化
・台所流し台のシステムキッチン化

など、最新式機能を備えた水廻り住設機器のリフォーム。

大きく分けると、これら外観の化粧直しリフォームと水廻りの設備更新リフォームの二つが思い浮かぶのではないですか。

この二つが見た目にも分かりやすくて、古いものを新しいものに変えるだけで「リフォームをやった」達成感を感じることができるのも事実です。実際に「家のリフォーム」で勧められているのはこの外観と水廻りのリフォームです。

「家のリフォーム」では、見た目を新しくするよりも暮らしを快適簡単にすることが先です。これまでの暮らしで便利だったところを活かして、不便だったところを取り除いて「我が家」を現代の新築仕様の家にすることができます。

本当は、「家のリフォーム」ではもっと自由にあなたがやりたいことができます。先の外観や水廻りのリフォームは、これまでの暮らしを快適簡単にするための「おまけ」と考えてみては如何でしょう。

とは言っても「やりたいこと」がなかなか思い浮かばないのも現実…。そこで「家のリフォーム」をできるだけ大きく考えてみませんか。

日本の住宅事情では、家は「土地付き一戸建て」と「マンション住戸」の二つに大きく分けることができます。

「土地付き一戸建て」では、夫婦ふたりには使う部屋も限られ、広くなりすぎた「我が家」の改築改修（リフォーム）で、家の間取りを見直しながら「二階建ての生活」の動線を創りなおして、暮らしをコンパクトにして、同時に住環境を快適にすることが容易にできます。

「マンション住戸」では、玄関を入って全ての部屋がワンフロアにそろっているので、改築改修（リフォーム）で部屋の広さを工夫しながら暮らしを快適簡単にする動線の創りなおしがやりやすいです。（マンションではそれぞれその建物全体での「決まり」などがあるので様々な制約とのバランスをとることになります。）

こうした多様な「住宅事情」でもその個々別々な事情をとっかかりにして、まるで「不可能を可能にする」アイデアをあなたと会話しながら実現してくれるのが一級建築士です。

家づくりに詳しい一級建築士と気軽に会話していくと「リフォームでこんなことができるなんて」という驚きにも似た感動を実感することができるでしょう。

第③章

これだけは知って欲しい
家のリフォーム・リノベーションの実際

⑰一級建築士が実践した家のリフォーム・リノベーション

あなたの「我が家」や「親の家」が空き家になってしまう前に、その家でできるリフォーム・リノベーションについて一級建築士が実践した様々なヒントになる実例があります。

次の実例をヒントにして、あなたはどんなことができるのか考える手助けにして下さい。

・室内の障害（バリア）を解消（フリーに）できます。
・畳の床をムクの板に変えられます。
・京壁を画鋲が刺さるクロス張りの壁に変えられます。
・必要便利なところに手すりを付けることができます。
・今までの間取りをがらりと変えることができます。
・玄関の位置だって変えてしまうことができます。
・補強しながら壁を取り払うことができます。
・窓ガラスをペアガラスや真空ガラスにして断熱遮熱ができます。
・他にはない気持ちのいいオーダーメイドバスルームができます。
・ユニットバスシステムを使った檜風呂ができます。

・2階に風呂場がつくれます。
・どこにでもトイレがつくれます。
・水廻りの場所を変えることができます。
・壁に向いていたキッチンを対面式キッチンにできます。
・使いやすいオリジナルなシステムキッチンにできます。
・水栓金具やガスコンロを使いやすいものに変えられます。
・屋根裏に小屋裏収納をつくれます。
・天井を高くすることができます。
・吹抜けがつくれます。
・屋根裏を使ってロフトができます。
・二つの部屋をつなげて広々ワンルームにできます。
・ひとつの部屋に上下の二層の床をつくることができます。
・どこにでも（床下だって天井だって）収納を増やせます。
・ビルトインガレージができます。
・素敵なオープンテラスができます。

・屋根に窓（天窓＝トップライト）をあけることができます。
・太陽光発電システムを取り付けることができます。
・オール電化住宅にできます。
・快適な床暖房にすることができます。
・照明器具を増やして明るい部屋にできます。
・家の外や中にコンセントが増やせます。
・屋根の葺きかえ、外壁の張替え、クロスの張替えができます。
・物入、押入の収納力をアップさせることができます。
・今の家の向きや位置を動かすことができます。
・家の中でも外でも階段が増築できます。
・1階を店舗にして2階を住まいにできます。
・空き部屋をいろいろな教室や工房にできます。
これらは「我が家」で生活しながら必要な工事を実施しました。

このようにあなたの「我が家」や「親の家」のリフォームやリノベーションでの可能性は無

限大です。

これまで住み慣れた家での日常の暮らしからの「もっと便利に暮らしたい」気持ちを大切にしながら、その家を生まれ変わらせる気持ちになることがリフォーム・リノベーションの大切な第一歩です。

あなたの「我が家」や「親の家」をベースにして時代に合わせた快適な住環境や加齢に合わせた簡単な生活の動線に創りなおすことが容易にできます。

空き家にしてしまう前に、せめて自身が動きやすくて暮らしやすい快適簡単な家にしないでいるのはもったいないです。

あなたの「我が家」も「親の家」も空き家にしないためにも「住み慣れてはいるけど、今の家族のかたち（夫婦ふたり）に合わなくなった」家をリフォーム・リノベーションして、時代に合せた省エネ仕様にしたり、間取りの変更で生活の動線を簡単にしたりして、文字通り生まれ変わらせることを考えてみてはどうですか。

様々な工夫をして、その家に暮らし続けて、ただ所有するだけの不動産資産ではなく、社会に役立つ資源として活用する第一歩を踏み出しましょう。その第一歩を踏み出すと、時と共に、「我が家」でも「親の家」でもお金を稼ぐ家にすることもできます。

家は地域社会に役立てる資源にしていくことができる「受容力」があります。あなたの「我が家」でも「親の家」でも循環再生させて暮らす価値を生み出す資源にするためのリフォーム・リノベーションをお勧めします。

●あなたの家でもできる不動産資産からの資源づくり

あなたが「快適で住みやすい」と思うことができない家では、その家に住みたいと思う人は少ないと思いませんか。ましてや長い間誰も住んでいなかった家に住みたいと思いますか。

不動産資産は、所有することに価値があるとされています。そして、日本の不動産資産に関わる税制も所有することを前提に組み立てられています。

しかし、『空き家問題』では、その前提が障壁になっています。

親族（その多くは親）が所有していた不動産を「相続して所有する」にも相続税という税金

がかかる仕組みになっています。従って、親の所有する不動産資産の相続は、その手続の煩雑さもあって人生の一大イベントになっています。

不動産資産として相続した「親の家」は、その使い方も活用も難しくなります。

何故なら自分たちが今住んでいる家ではないので、どうしたらいいのか分からないので仕方がないのです。あなた自身が育った家ですが、誤解を恐れずに言ってしまえば、相続する時には「親の家」は他人（自分ではない人）が住んでいた家です。

あなたにはあなたの家族が住む「我が家」があるのです。

こうした「親の家」を所有するための不動産資産として活用するのは一筋縄ではいきません。空き家になってしまってからの活用事例は世の中に数多ありますが、それらの活用事例がそのままあなたの「親の家」に当てはまるわけもなく、参考にもなりにくいのが現実です。

そこでここでは、空き家になる前、すなわちあなたの両親が只今現在暮らしているその「親の家」を所有する不動産資産としての見立てを止めてみることをお勧めします。

「親の家」に暮らすのはあなたの親です（当たり前ですが）。あなたの親の年齢はいくつになりますか。そしてあなたの年齢は…と考えると、年老いた親の家にあれやこれやと思いを巡らせることになるのはシニア世代の方々ということになります。

精神的にも肉体的にもなかなかの『重荷』で心身にこたえることでしょう。

そこで考えて頂きたいのは、あなたの「親の家」では、その家に住まう親の加齢に合わせて暮らしを快適簡単にして老後を過ごして生涯を締めくくる住まいの環境をつくる事です。

年老いた夫婦ふたりには広すぎる家になった生活空間を見直して、住環境は時代に合わせて、生活の動線は簡易に創りなおして、これから先の暮らしを快適簡単にするのです。

これは、その家の魅力を高めて、所有する不動産資産を流通しやすい資源にする取り組みでもあります。こうでもしないと、いつまで経っても『空き家問題』になる家は増え続けていきます。このままでは「親の家」が使い捨ての資産になってしまうのです。そして、あなたの「我が家」でも同じ未来が訪れようとしているのです。

いまのままでは「親の家」は、新築当時に住宅ローンを使って手に入れて、当時の「販売価格」よりも高い返済総額を支払って手に入れたにも関わらずに使い捨てされる運命にあります。

ということは、あなたの「我が家」も将来はまるで使い捨て資産かのように手を掛けずにほったらかしにされて空き家になり、あなたの子どもが手に入れた家も遠い将来は使い捨て資産かのように放置されて…と、どの家も「いつか来た道」を辿ることになります。

こうしたことから人が暮らす家を所有するための不動産資産としてではなく、誰もが使える資源として社会に流通させて、将来「人が暮らしやすい家」として役立てる手立てを考える価値は大きいのです。

あなたの「我が家」でも、もちろんあなたの「親の家」でも、不動産資産から市場に流通させる資源としてマインドリセットすることをお勧めします。

●築古の家でも省エネな暮らしができる『新築仕様の家』になる

あなたの「我が家」を外壁や屋根の化粧直しで見た目をよくしたり、現在流行りの水廻り設備に取り替えるだけではその家の暮らしが時代に合わせた仕様にはなりません。

あなたの「我が家」は、新築当時は初々しく、なんだか住み心地も快適で、家の中が明るく家族みんなが生き生きしていたことと思います。

それでも、そんな「我が家」も家族の成長と一緒に時を重ねて築古な家になっていることでしょう。しかも子どもが独立してしまった「我が家」はすっかり「静寂に包まれた」感覚がありませんか。

しかしながらそうした現実は、夫婦ふたりきりになった「我が家」でこの先も続いていく暮らしを快適簡単にする機会が訪れていることをあらわしていると言えます。

住み慣れている「我が家」では、いろいろなことに慣れ親しんできたことでしょう。

その結果、便利なことだけでなく、いろいろな不便や不満も受け入れ、「こんなものか」と諦めにも似た「現状容認」がいつの間にか積み重ねられながらいつもと変わらない暮らしのまま時が流れていると思います。

繰り返しますが、今まさに「我が家」の暮らしを見直す機会が訪れているのです。勝手知ったる築古な家だからこそ、「今風の暮らし」ができる家に生まれ変わらせてしまいましょう。

それに、あなたの住み慣れた「我が家」は省エネというキーワードで改築改修（リフォーム）

をすることもできます。「夏涼しく冬暖かい」快適な暮らしを実現させる正に時代に合わせた家の仕様に創り変えることができます。まるで新築の家のように。

築古になったあなたの「我が家」を時代に合わせた『新築仕様の家』にすることは思いのほか容易です。

あなたの「我が家」を加齢に合わせながら『新築仕様の家』にするための豊富なアイデアは一級建築士を頼りにして下さい。家づくりの経験が豊富で、専門的な知識を持った一級建築士が、これから先の暮らしに合った家に見直して快適簡単な住環境を実現してくれます。

●優先すべきは間取り空間のリフォーム

あなたの築古な家になってしまった「我が家」は、時代に合わせた省エネ仕様の家にも現在の家族のかたち（年齢や人数など）に合わせた間取りの家にもできます。

育てた子どもが自立して、自分の家族の家を持って独立していった結果、これから先も夫婦ふたりで暮らす築古な「我が家」を動きやすくて過ごしやすい快適簡単な家にしてしまいましょう。まるで新築の家のように、「我が家」の間取りや天井の高さなどを変えて、見た目も新鮮で、これまでの生活の動線も変えたりして、日々の暮らしも清々しくする「我が家」に改築改修（リフォーム）するのです。

あなたの「我が家」には住み慣れてはいるものの「ここはこうしたい」とか「あそこはこうだったらいいのに」と思い当たることは盛りだくさんではないですか。

それらは、これまで暮らしてきた「実感」と言えるもので、これまでの経験や体験からくるこころの底から湧き出ている欲求といえます。

現在の一般的なリフォームでは、「新築当時がよみがえる」とばかりに家の見栄えを良くすることが大切かのように言われています。しかしながら新築当時と同じ見栄えになっても、その家の中でのあなたの暮らしは何も変わることはありません。

あなたの家族のかたちが変わっているのに家の中での暮らし方に何も影響を与えない見栄えのための「化粧直し」にお金を掛けている場合ではありません。

暮らしやすさや、過ごしやすさ動きやすさに通じる住環境や生活の動線の改善をすることにお金を掛けて、築古になってしまった「我が家」でも快適簡単に住み続ける家にするのです。もちろん余裕があれば外壁や屋根の「化粧直し」も気分転換には役立つとは思いますが、それは一時の達成感や自己満足になりがちであることを忘れてはいけません。

優先すべきは、あなたの「我が家」での暮らしを便利で快適簡単にするリフォームです。生活の動線が短く簡単になって、「夏涼しく冬暖かい」暮らしを想像してみて下さい。あなたの「我が家」でもそんな暮らしを間取り空間のリフォームで実現させるのです。

そして同時に、「水廻り」と言われる台所の流し台を対面式とかアイランド型にしたり、トイレの位置を変えたり、風呂場をユニット化したり、洗面脱衣室を広くしながら家事の動線も簡単にするなど、生活の動線と一緒に住宅設備の使い勝手を新しくしていくのです。

繰り返しますが、あなたの築古な家になってしまった「我が家」のリフォームで優先すべきは加齢に合った快適簡単な家に創りなおすことです。

家の中での生活が見違えたような現代の『新築仕様の家』にするのです。

●実は仮の住まいなしで水廻りのリフォームはできる

あなたが暮らす築古な「我が家」での家の中の改築改修（リフォーム）は、その家を「空家（からや）」にして一時的にどこかに引っ越しをする必要があると言われます。

特に、台所やトイレ、風呂場などの「水廻り」のリフォームは「空家（からや）」にしないと生活に必要な給水排水に支障があり、肝心な工事ができないと思われています。

こうした懸念される普段の暮らしへの制約が、家の「水廻り」のリフォームを先延ばしにするどころか諦めてしまう原因にもなっています。

ところが、この制約がもしもなくなったとすればあなたはどうしますか。

あなたの「我が家」の改築改修（リフォーム）の工事にかかる日数は意外と短く、思いのほか短期間にすることも給水排水の制約も工夫次第で最小限に抑えることもできるのです。

例えば、現在使用している流し台を壁側から対面式にする場合ですが、「ちょっと早めの朝食」の片付けを済ませてから必要な工事を始め、「遅めの夕食」には新しい対面式システムキッチンで料理を楽しめることもできます。

これにはあなたの「我が家」でのいつもの生活をしながらできる改築改修（リフォーム）をしっかり計画立案して、考えられる支障を最小限にする工夫をして必要な工事を進めていくことが肝心です。

築古な「我が家」でこれから先続いていく夫婦ふたりの「楽して快適な暮らし」の実現に必要な改築改修（リフォーム）のメニューを決めて、生活の制限を最小限に抑えるように工事を進める計画を組み立てて、工事期間や作業時間をできるだけ短縮するのです。

こうした短時間での改築改修（リフォーム）には、あなたの「我が家」での夫婦ふたりの現在の暮らしを見つめて、あれやこれやあなたの思いを聞き取り、快適簡単に暮らしやすい間取りの家に翻訳する一級建築士の力が欠かせません。

そして同時に、建築工事にも精通した一級建築士による「そこに住まう人の普段の暮らし」への影響を最小限にする工事中の工夫が必要です。

●お金を稼ぐ家にするリノベーションとは

あなたが快適に暮らすことができない家は、他の人も快適に暮らすことができません。

日本の家づくりでは、個々人のこだわりを比較的簡単にかたちにすることができます。個々別々な好みでかたちやデザインを決めて暮らしてきた家が空き家になってはじめて「このままではいけない」「何とかしなければ」と、大きなくくりで『空き家問題』としてその解決策をあれやこれやと練りはじめているのが現状です。

国の施策も後追いの感が拭えません。これではまるで病気やけがへの「対症療法」のようにそれぞれの現況に合わせて個別にその解決策を練り上げていくしかありません。

本来『空き家問題』は、それぞれの家の現況に合わせて個別にその解決策を練り上げることになるはずです。家々には個別な事情やしがらみなどがあるからです。しかしながらそれらの個別な家々を「空き家」とひとくくりにしているのが現状です。

その結果として、空き家の活用を個別に練り上げられて上手くいった事例を見たり聞いたりすることが多くなります。こうした個別の事例は参考になってもあなたの『空き家問題』の答えになることは極めて少ないのが実情です。

こうしたことからあなたの「我が家」や「親の家」を空き家にしないさせないために有効に活用するには、その家が空き家になってしまってからでは「今さら遅い」のが現実なのです。

その家が空き家になってしまってからだと、『空き家問題』として解決するには受け身で「対症療法」になってしまいます。「高く売りたいので外壁リフォームしなくちゃ」とか、「水廻りくらい今風にしなけりゃ売れないのでは」とか、「家を解体した方が売りやすいかな」とか、これらは全てあなたの「我が家」や「親の家」が空き家になってしまってからの「対症療法」的な発想です。

ここでは、家の見た目を良くする化粧直しとしてのリフォームではなくて、誰もが住みやすいと思える家、住んでみたいと思う家へのリノベーション(家の創りなおし)を考えてみましょう。

おさらいになりますが、リフォームとは「そのものを改善したり改良したりする」ことです。リノベーションとは「今あるものを修復したり、まったく新しいものにする」ことです。

あなたの「我が家」や「親の家」を暮らしやすい家に「生まれ変わらせ」て、子どもが独立した後夫婦ふたりがこれから先の人生を快適簡単に過ごす家にするリノベーションをするのです。そして新築当時から変わらないまま故の不便とか不満とかを我慢しながら過ごすよりも夫婦ふたりが快適簡単に過ごすことができる家で人生の最後まで暮らしていくのです。

住み慣れた家が空き家になってしまう前に、加齢による様々な変化に合わせて住環境や生活の動線を創りなおすことで、他の人が見てもそのままその家に暮らしたいと思える家になると思いませんか。

現在のまま現状を受け入れた家だと「こんな家誰も欲しがらない」とあなたは思うかも知れませんが、あなたが手入れしながら快適簡単に暮らしていた家であれば、住んでみたいと思うひとがあらわれ「お金を稼ぐ家」への道が開かれていくことになります。

このようにあなたの「我が家」や「親の家」を加齢に合わせて創りなおすことが大切です。これから先の暮らしを楽にして快適簡単にするキーワードのひとつはリノベーションです。

●セカンドハウスで災害時の万が一に備える

日本だけではなくて世界中の人々の暮らしを変えてしまった新型コロナウィルス感染症によるコロナ禍。

このコロナ禍であなたは「我が家」での普段の暮らしの中でどんな工夫をしましたか。その様々な工夫の中で、現在でも役立っている暮らし方の工夫がありますか。

誰もがそれぞれその時々で「これがいい」と思うがままの工夫をしてきたと思います。

コロナ禍でも、否、コロナ禍だからこそ、そうした工夫が多くの制限の中でもあなたの暮らしを豊かにしてくれたと思いますし、そうした実体験がこれから先の暮らしも豊かにしてくれると思います。

ところで、コロナ禍での外出の制限やリモートワークが実施されて浸透していく中でセカンドハウスがあれば便利と思ったことはありませんか。もしも空き家が身近にあって、簡単に借りることができてセカンドハウスとして使えたらよかったと思いませんでしたか。

コロナ禍では、「ソーシャルディスタンス」（正しくはソーシャルディスタンシング）を保つことが感染防止対策の肝になっていました。そのため人同士の接触を避けることを目的にしてリモートワークが推奨され、それぞれの家の中でも「極力接触を避けて」と声高に言われていました。

各人各様で、様々な感染防止のための工夫がなされていたと思いますが、そんな時に気軽に使える空き家があれば良かったと思いませんでしたか。その空き家があなたの家にほど近いところにある「親の家」であれば最高でしたね。

その空き家がかなり離れたところにあったとしても、人が大勢いる都会よりは人と人との接触の機会は減らすことができたと思います。

それにコロナ禍に限ったことではありませんが、将来家がある地域に何か災害などがおこった場合にも、そうした空き家は一時避難の場所として役立つことも考えられます。

もしもあなたが何かの事情で「空き家」を持っているのなら、何かことがおこってからではなく、「今現在動けるうちに」あなたが使いやすい家にしておくこともお勧めします。

その空き家が「親の家」であったとしてもあなたが独立して親と離れて暮らしはじめた当時

のままに「荷物置き」になっている部屋の整理に取り掛かっておくことをお勧めします。災害時の万が一に備えて、あなたが使いたい時に使える家「セカンドハウス」としての準備をしておくことも一案です。

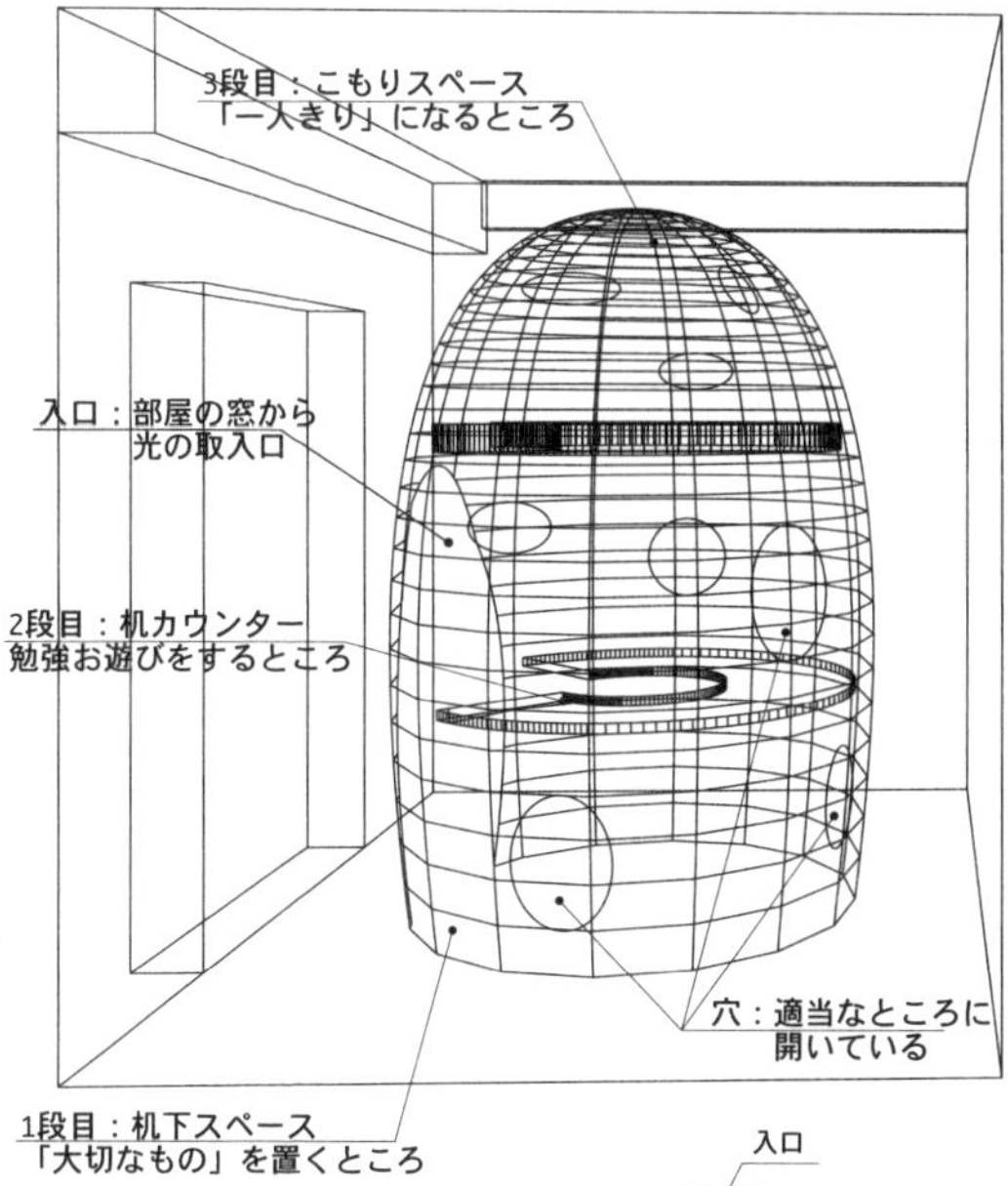

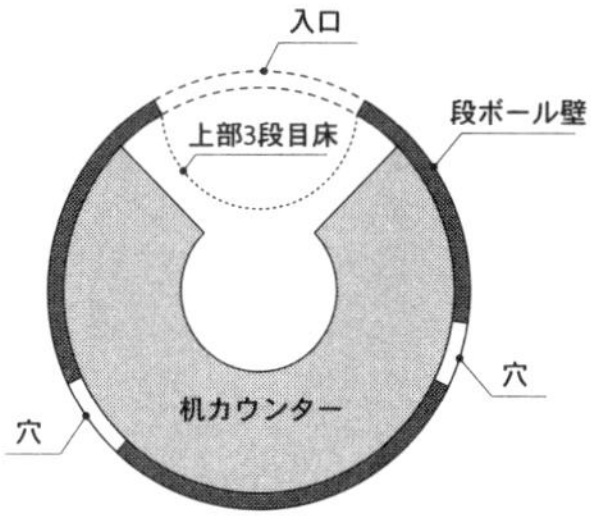

家の中のシェルター

□家の中の個室に段ボールで創るシェルター
□持ち運びが自由な分解組立ユニット
□壁や床に子どもが気ままに絵描け
□感染症対策にもひと役

コラム「家を資源として見直すと…」

日本では不動産は資産です。資産なので所有することに価値があります。

所有する不動産は「資産形成」「資産運用」「資産活用」などの基になっています。こうした仕組みの中で様々な税金が課せられて国や都道府県そして市町村の税収の根幹になっています。

土地や建物などの不動産には資産価値があることになっています。資産価値があるので、その価値を保つようにいろいろなアイデアが生まれます。そして、その価値を大きくしていくことが商売の基にもなっています。

そして「所有する」ことに価値があるので、「所有したまま」になるのが不動産資産である家です。この価値があるはずの家が時の流れと共に空き家になってしまうのが『空き家問題』の根幹です。

自身の家族ために、そして子育てのために手に入れた「我が家」は、子育てが終わればまるでその役目が終わってしまったかのように使い捨て（住み捨て？）されていくのが『空き家問題』のはじまりと言えます。

さて、ここであなたが「我が家」を手に入れた時に利用した住宅ローンの返済総額を思い起こしてみて下さい。もしかしたら「家賃を支払い続けるよりも住宅ローンを組んで家賃相当の返済負担で自分の資産になる家を購入した方がお得です。」と言われていませんでしたか。

家は「人生で一番高い買い物」と言われている通り、表示されている金額も高額です。そして額面通りの金額で購入することができるのは現金の場合のみで、多くの人は住宅ローンを使って、家の額面をはるかに超える高い金額を支払って「我が家」を手に入れています。

しかも、手に入れた瞬間、その家の不動産としての資産価値は二割減になると言われています。あなたが手に入れた家は、仮に購入してすぐに売っても購入した時の金額では売ることはできません。

それに住宅ローンを完済する頃にはその家の資産価値は「ゼロ査定」されます。住宅ローンの返済期間によっては、返済期間中に家の資産価値が「ゼロ査定」されることになります。こうしたことからわが国日本では、土地だけに資産価値があることになっているのが現実です。

「我が家」を手に入れた当時は、それが当たり前のように住宅ローンの世話になり、家の価格よりも「高い」住宅ローン返済総額を完済して、独立した子どもに相続の時期が訪れる頃には家の資産価値がなくなり、その家が建つ土地だけの資産価値に見合う金額で相続をしたり手放したりすることになるのが現実です。

家は所有したまま「ほったらかし」にしていても不動産資産としての税金である固定資産税が掛けられています。家に掛けられる固定資産税には軽減措置という特例があります。この税収は市町村の収入になります。家を所有しているだけでは国の税収は変わりません。

現在のままでも（あなたがほったらかしでも）国の税収は変わらないのです。

国の税収は、売ったり、買ったり、贈与したりと「不動産を動かす（所有者を変える）」ことで増えていく仕組みになっています。家を「動かす」と国の税収は増えるのです。

残念ですが、これまで「ほったらかし」にしておいて、令和の時代に『空き家問題』としてその解決の取り組みを強化しはじめてもこの国には不動産に関わる税収の仕組みを変えようとする意気込みを感じることができません。むしろ、これまでの仕組みの中で税収を増やす手立てを組み立てているように感じてしまいます。

国の施策では、相続登記の申請義務化をしたり、固定資産税の軽減措置の特例を無くしたりと、「空き家のままにしておいても損ですよ」という立ち位置からの目線で国民の不安を煽りながら、空き家を減らしていく姿勢を見せているように感じます。（空き家が「動く」と国の税収は増えるのです。）

こうした国の税収の仕組みや施策は変えようがありませんが、所有するのに価値がある不動産資産である家を流通させるために「資源」の視点で見直す時がきているのではないでしょうか。

第4章

お金を稼ぐ資源として家をシミュレーションしてみよう

●家を資源にしてお金を稼ぐことを考えると

夫婦ふたりだけには広すぎる家になった「我が家」はあなたの不動産資産です。その資産は今のままでは空き家になる運命を辿っていることに気付いたことと思います。

これまでの慣れもあり子育てをしてきたその家ではそれまでと変わらない日常の暮らしがが営まれていると思います。

何もしなくても同じ時間ばかりが過ぎていき、そんなに遠くない将来に「そして誰もいなくなった」家になり『空き家問題』になる資産になろうとしているのです。

ここでは、あなたの資産である「我が家」を資源として見立てていきます。

先ずは、独立していった子どもが使っていた部屋でお金を稼ぐ手立てのひとつとしてサービスの提供を考えてみませんか。

あなたは「サービス」という言葉にはどんなイメージを持っていますか。

「サービスしてね」というと、昭和の世代では「安くしてね」とか「タダでやってね」という気持ちが込められていました。

しかし、消費税が導入された時「サービスにも税金が掛けられる」と言われ出して、サービスは「本当はお金がかかるもの」「タダではない」ことが当たり前になりました。人が何かしらの行動（労働）をしなければサービスはできないので、その行動に対価を支払うのが当たり前になりました。

お金を稼ぐことができる「サービス」は様々です。

子どもを預かることとか、荷物を預かることとか、地域の交流の場をつくることとか、何かしら「他人（ひと）の役に立つこと」と言えます。

「サービス業」となると、生活関連サービス業や教育・学習支援業などがあります。

さすがにこうしたことを「事業」として考えてしまうとなにかと面倒になるし、なんだか重いものを背負ってしまいそうです。

そこでここでは、夫婦ふたりには「広すぎる家」になっている「我が家」の中で、いまは誰も使っていない部屋を使ってみることを考えてみましょう。

今は誰も使っていない部屋の多くは「子ども部屋だった」部屋ではないでしょうか。

あなたの「我が家」では「子ども部屋だった」部屋は現在どのように使っていますか。

当時その部屋を使っていた子どもの私物の物置部屋として使われ、次第に夫婦ふたり暮らしで使わなくなって捨てられない物が置かれるようになった家がよくみられます。

あなたの子どもが独立していった「我が家」ではじまっている夫婦ふたり暮らしは、これまでの暮らしを見直してこれから先を如何にして楽して快適簡単にするのか考えてみるよい機会が訪れていると言えます。

「子ども部屋だった」部屋にあるのは捨ててよいのか分からない子どもの私物ばかりか普段の暮らしでは滅多に使われないもので、整理整頓、取捨選択、流行りの「断捨離」などなど表現は様々ですが、これらを先延ばしにすれば片付けるのも大変になります。

身体も気分もつらくなってしまう前に「子ども部屋だった」部屋を使える部屋にするのです。

使える部屋になった部屋は、あなたが「やりたいこと」「すきなこと」に思う存分使えるようになります。むしろそうした個別で気ままなことに限ってしまうことが肝になります。

本当に好きなことを探し出すのは意外と大変ですが、幸いあなたには時間がたっぷりあります。時間を掛けて好きなことを見つけていくのです。そうすると、見つけ出した好きなことで「お金を稼ぐ家」にすることもできます。

「好き」で人が集まれば「お金を稼ぐ」機会をつくることができます。もちろん、はじめから「お金を稼ぐ」ことに捉われると好きなことが負担になってしまいやすいので、第一に好きと思えることからはじめるのが肝要です。

そして、好きなことが「お金を稼ぐ」ことになっても無理して長続きさせる必要はありません。あなたの気ままな趣味として続けることに限ります。

●店舗と一緒の家ならその使い方は大きく広がる

もしもあなたの「我が家」が商店街や街中などで店舗と一緒になっている「店舗併用住宅」なら、その汎用的な使い方は、普通の戸建ての家よりも広がっていきます。

ここでは、あなたの「我が家」が商店街になくても、「店舗併用住宅」であるのならその持てる力を生かすことを考えましょう。空き家にするのは最後の手段として、いろいろな店舗として使っていくのです。きっと、歩いて行けるところにある店舗がその地域にはありがたい存在になってくれます。

あなたが暮らすまちはどんなたたずまいをしていますか。

現在でも閑静な住宅街ですか。新興住宅地と言われたまちですか。昔からの商店街の中ですか。農村や漁村と言われる地域ですか。喧噪な都会ですか。

わが国日本では都市計画法という法律で、それぞれの地域で建てることができる建物の用途が決められています。

この法律の規則を要約すれば、「労働生産のために働く」地域と「労働生産性の再生のために暮らす」地域を想定して、都市計画（まちづくり）の中で各地域に名前（用途地域といいます）を付けて「線引き」して、働く場所と住む場所に分けるよう考えられた仕組みです。

各人が勤める会社への日常の通勤が必要なのはこのためと言っても過言ではありません。

大型ショッピングモールなどができて、休日に家族で出かけるのも本を正せばこの都市計画の区割りが大いに影響しています。

話が脇道に逸れますが…、わが国は高齢社会です。高齢者の自動車事故も大きく報じられるようになりました。高齢者が車を運転しなければ暮らしが成り立たない社会になっているのに、高齢者には免許を返納することが勧められ「この先どうやって暮らしていくのか」その答えはまだありません。

それならば、高齢者が歩いて普段の買い物ができる環境を整える必要があるように感じますが、国は手をつけずにいます。高齢者の方々には暮らしにくい社会が広がっているように感じます。

地域全体でまるで足並みを揃えながら進んできたかのような高齢化の流れの中であなたの暮らすまちも高齢社会になっていきます。

あなたの住むまちが普段の買い物が気軽にできる「歩いて暮らせるまち」になるきっかけのひとつが店舗併用住宅の活用です。

そのまま誰も使わなくなって空き家になるのをほったらかしにしないで、普通の一軒家にはない「お店と一緒」という特性を活かしていくと、あなたの暮らす地域は高齢者も暮らしやすい便利なまちになっていきます。

●お金を稼ぐ「子ども部屋」の使い方とは

例えば、子どもが使っていた（子ども部屋だった）部屋を趣味工作、子どもサロン、シニアサロン、ストックルームなどに使うことを考えると、その部屋の汎用性が広がっていきます。

ここでは子どもが独立して夫婦ふたりきりになった家の中で使われなくなった部屋の代表格「子ども部屋」を活かすことを考えてみましょう。

多くの日本の家は、子ども部屋にたどり着くには、玄関を入って、階段を上がってという動線が使われることになるので、生活の動線の見直しを同時に考えていくことになりますが、先ずは、こうした生活の動線の見直しよりも先に、子ども部屋の整理を進めていくことが大切です。

あなたの「我が家」でも子ども部屋は、誰も使わなくなっても子どもの私物が残っていて、その私物がまるで夫婦ふたりの暮らしでは当面不要な物を呼び集めたように物置部屋になっていませんか。

そうした私物や不要物を片付けることからはじめなければなりません。子どもが使っていた部屋を役立たせるために物の整理からはじめることが先決です。

私たちは考えたこともないことには臆病になります。

でも「やってみる」ことでそれまでの思考や行動が変わっていくと言われています。いろいろな経験を積み重ねて、新しい創作意欲が生まれてくるのです。

良いか悪いか、どんな結果になるのか、やってみては如何でしょうか。

「我が家」なので、どんな使い方でも自由気ままにあなたの勝手次第にできます。

他人にとやかく言われる筋合いはないと割り切って、あなた自身がやりたいこと、やってみたいこと、心の中で温めていたことを「我が家」で実際に思うがままにかたちにしてみることをお勧めします。

繰り返しになりますが、誰もが未経験なことは不安を感じます。しかし、こうした不安は、誰かに相談することで軽くなります。あなたの「我が家」を使いこなすいろいろな引き出しを多く持っている一級建築士を頼りにして下さい。

一級建築士を頼りにすると、あなたが思ってもみなかったことが目の前に開けていきます。

●家の立地から考えて簡単な間取りの変更でお金を稼ぐ家にする

それぞれの家は個々別々な家族が「自分らしく」暮らすための思いを込めた家になっています。その家は、建て売りの家では気に入った間取りが選ばれ、自由設計の家では自由に考えた間取りの家になっています。

「空き家」になってしまった家でも暮らしていた家族の思いがかたちになっています。

現在そこにある家にはいろいろな長い歴史があります。あなたも「我が家」で、昔からひとつの家族として暮らし、隣り近所の人間関係や近隣の住環境に合わせながら互いに関わり合いながらこれまで過ごしてきたはずですね。

その一方で、生活のしやすさという視点で考えると、あなたの「我が家」の周辺の環境が大きく変わったのではないでしょうか。夫婦ふたりになってからも月日が経ち、改めて「我が家」の暮らしを思い起こしてみると、家の中の暮らしは変わらずで、まちの様子が変わっていることに気付きませんか。

ここでは、その地域に建つ夫婦ふたり暮らしになった「我が家」を、現在のまちの様子に合わせて改築改修してお金を稼ぐ家にすることを考えてみましょう。

それには、夫婦ふたり暮らしにふさわしい家にして、これから先の暮らしを快適簡単にすることが先決です。

夫婦ふたりのための家の見直しは意外と手軽にできるし、夫婦ふたりには広すぎる家になってしまった「我が家」を将来お金を稼ぐ家にすることも夢ではありません。

その中でお金を稼ぐ家には「立地」がついてまわることを覚えておいて下さい。そして、その「立地」で地域に役立つためには、「地域の要望」も探る必要があります。

残念ですが、全ての家、どんな地域の家でもお金を稼ぐ家になれるわけではありません。しかし、大切なのは、「空き家」になってからでは遅いので、いまから「我が家」の立地を見つめてお金を稼ぐためのかたちを整えてみることです。

しかし、忘れて欲しくないことがあります。繰り返しになりますが、あなたの「我が家」を夫婦ふたり暮らしにふさわしい家にすることが先決です。

これから先の暮らしを快適にそして簡単にすることで、その家を所有することに価値がある「不動産資産」としての見立てを離れて、「お金を稼ぐ」ことができる資源にしておく事前の準備をお勧めします。

●お金を稼ぐ資源になる家ならない家がある

既に空き家になってしまっている家よりも、「人が住んでいる家」の方が、その家を所有することに価値がある「不動産資産」ではなくて、「お金を稼ぐ」ことができる資源にしやすいです。

しかし、「人が住んでいる家」であったらどんな家でも良いという訳にはいきません。その家での「生活の様子」がまざまざと思い描くことができて、その家での暮らしに興味がわいてくる仕掛けが必要です。

そのためには、「我が家」で暮らすあなたが、日々の暮らしの中で「ああしたい」「こうだったらいいのに」「ここを何とかしたい」などなど、都度の対策改善が欠かせません。

「我が家」での暮らしは、これまでの慣れも手伝ってか、新築当時のまま何も手を付けないで、「昔のままの家に合わせて」日常の時間が流れていきます。その結果として、家族の成長と一緒に生活の仕方も身体の動作も変わり、新築当時に便利だった箇所も「バリア（障害）」になったりしていませんか。

「こんなもんだ…」と諦めて現況を受け入れるのは、我々日本人の得意としているところです。その多くは「我慢」と言われています。しかし、あなたが暮らす「我が家」では、我慢する必要はありません。自身が良いと思ったことを思う存分やりながら快適簡単に暮らしていくのです。

あなたの「我が家」での暮らしが快適簡単であれば、その家は誰にとっても快適簡単です。その快適簡単な暮らしは魅力的に見えます。「我が家」での暮らしを快適簡単にすることは、家を「お金を稼ぐ」ことができる資源にする第一歩です。

所有することに価値がある「不動産資産」である家を「お金を稼ぐ」ことができる資源にす

るための手段のひとつが、あなたの「我が家」をあなたが住みやすい家にすることと考えて、加齢に合わせて「我が家」の手入れを都度やっていくことです。

こうした「我が家」への手入れの積み重ねが、その家を手に入れて住むことに価値が生まれていきます。その家をそのまま引き継ぐことで、新しいアイデアを加えながら、前にも触れた地域に役立つサービスを提供していくことのしやすい家にもなります。

あなたの「我が家」を所有することに価値がある「不動産資産」ではない「お金を稼ぐ」ことができる資源にするためにはほったらかしは禁物です。そのまま空き家としてほったらかしにつながっていきます。

ほったらかしにされていた家にあなたは住みたいと思いますか。

●資源になった家は投資の対象になる

空き家になってしまう前から、あなたの「我が家」を資源にして投資の対象にする取り組みを考えてみましょう。

「いつかは空き家になるかも…」と思いながらその時を迎えることになっても「対症療法」で何とかなるなどと考えてはいけません。多種多様な事例が紹介されている巷の空き家を活用した「成功事例」に惑わされてはいけません。

空き家を活用した「対症療法」は、空き家になってしまった家を「不動産資産として売却する」と「賃貸物件として貸し出す」が二つの大きな柱です。

この二つの柱が、あなたの空き家対策の選択肢とされています。

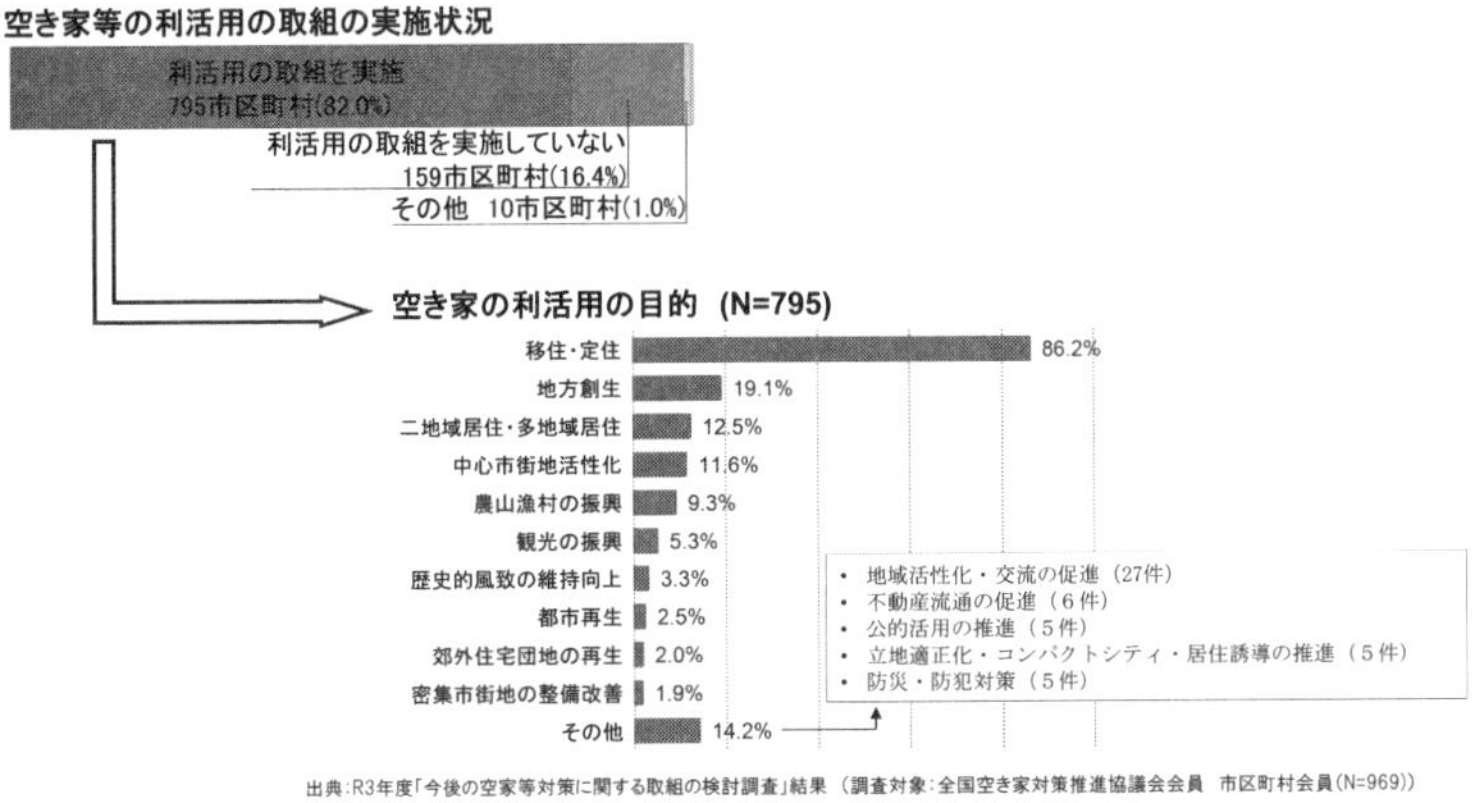

【出展】：国土交通省ホームページ

図 10- 市区町村による利活用の取組

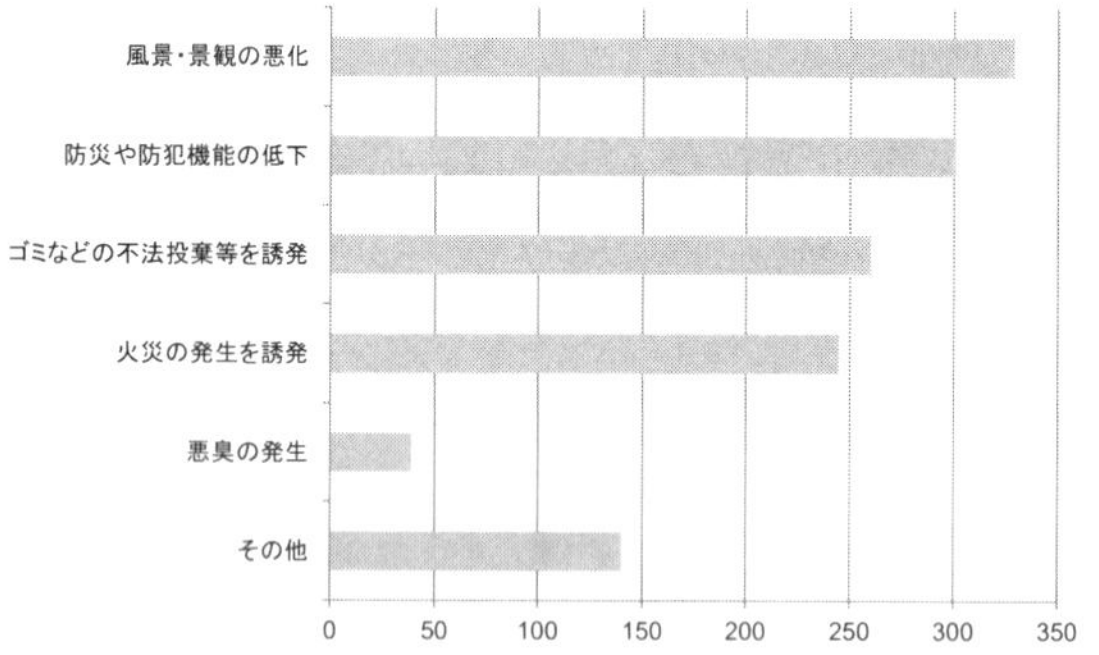

※国土交通省による全国1,804全市区町村を対象とするアンケート（H21.1）結果。回答率は67％
※上記の件数は、複数回答によるもの

【出展】：国土交通省「空き家の現状と課題」

図 11- 管理水準の低下した空き地や空き店舗の周辺への影響

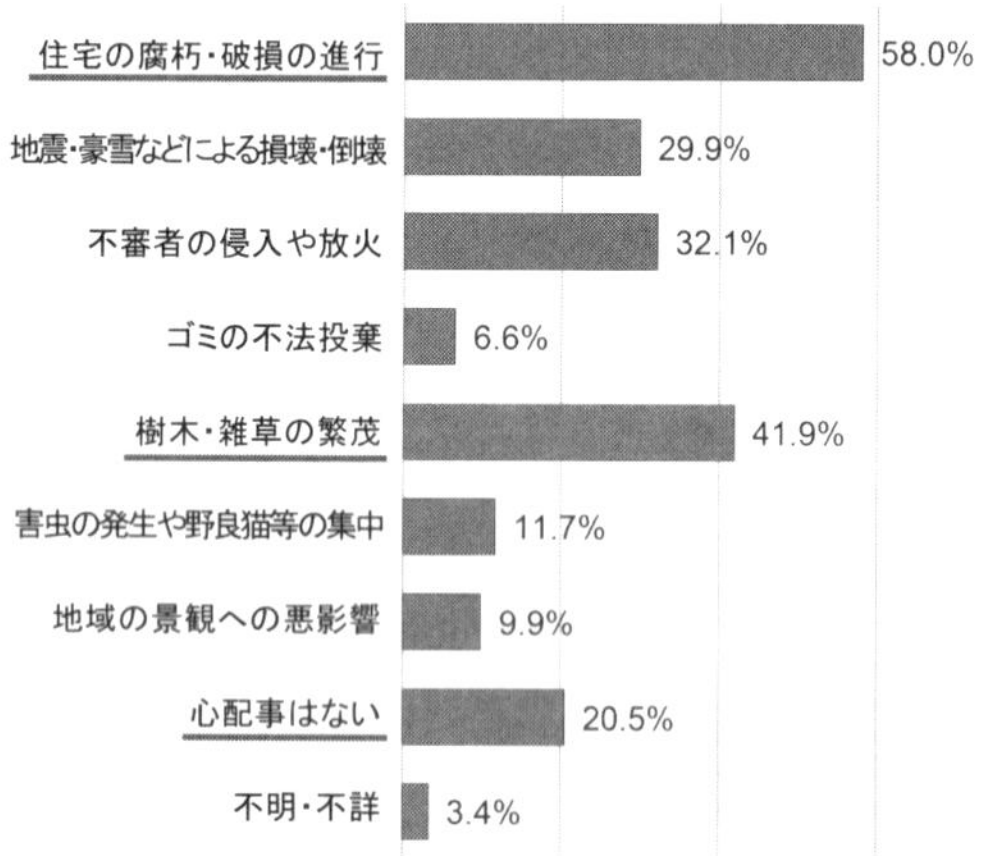

【出典】：令和元年空き家所有者実態調査（国土交通省）

図 12- 空き家の管理面での心配事（N = 3,912、複数回答）

二つの大きな柱にはそれぞれいろいろな選択肢が不動産業界から提案されています。

「売却する」かたちは、

①そのまま現状有姿で、土地付き一戸建てで売却する。
②築古の家を解体撤去して更地で土地を売却する。
③内装外装をリフォームして、見栄えを整えて土地付き一戸建てで売却する。

「賃貸物件として貸し出す」かたちは、

①外観の見栄えを整えて貸し出す。
②内装仕上げをきれいにして貸し出す。
③水廻り設備を最新機能にして貸し出す。
④「全面リフォーム」をして貸し出す。
⑤現状有姿のままで貸し出す。
⑥借主が自由に改装できる家として貸し出す。

ところで、あなたは「我が家」での「対症療法」を考える前に、あなたの「親の家」での対策に直面します。あなたが「親の家」の空き家対策に直面する年齢は五十～六十歳代、親の高齢化で七十～八十歳代も想定されます。

この年齢で関わることを考えると、「売却する」のが手間いらずになるのが現実です。

家を売却するのは、所有することに価値がある不動産資産としての常套手段です。

この常套手段は、「親の家」が空き家であろうがなかろうが、所有することに価値がある不動産資産としての見立てとしてどんな場合でも通用します。

しかし、空き家になってから「売却する」となると、誰も住んでいない家を手放すことが目的になります。家の資産価値がゼロ査定され、「高く売りたい」と考えてその家を改築改修していたとしても土地の資産価値だけでその売却価格が決められてしまうのが現状です。

あなたが期待する売却価格にはなりません。

こうした残念な現状から、これから先に待ち受けている『空き家問題』対策は「親の家」だけでなく「我が家」にも考えておく必要があります。

これまで触れてきたように、あなたの「我が家」も近い将来空き家になる運命を辿っています。あなたがそうしたように、子どもは、「親の家」から独立して、各人各様「我が家」を手に入れます。

そしてそれぞれの「我が家」では、子育てが終わり夫婦ふたりの暮らしになり、「そして誰もいなくなった」家になる運命にあると言えます。

それでもその家はあなたの不動産資産です。その時を待つかのようにほったらかしにしていても所有することに価値がある資産のままです。そして、あなたは所有する資産に掛けられる固定資産税という税金を納めることになります。

不動産資産は必ず誰かが所有しています。所有者のいない不動産資産はありません。あなたが所有する「我が家」をほったらかしにしていても、将来はあなたの相続人がその家に関わる税金を納める仕組みになっています。

だからこそ、あなた自身の所有することに価値がある資産である「我が家」は、今のうちから自ら活用して空き家にしないさせないことが肝要かと思います。

所有することに価値がある資産を広く社会に流通させて「お金を稼ぐ」ことができる資源にして、「我が家」でお金を稼ぐ一歩を踏み出していくとその家は投資の対象になっていきます。

売れるのかも分からないものに「売るがためのお金」を掛けるのは避けましょう。

先ずはその家に住まうあなたが快適簡単に暮らすためにお金を掛けることが肝要です。誰の目にも魅力的で、使えるもの、売れるもの、投資する価値があるもの（資源）にする視点が大切です。

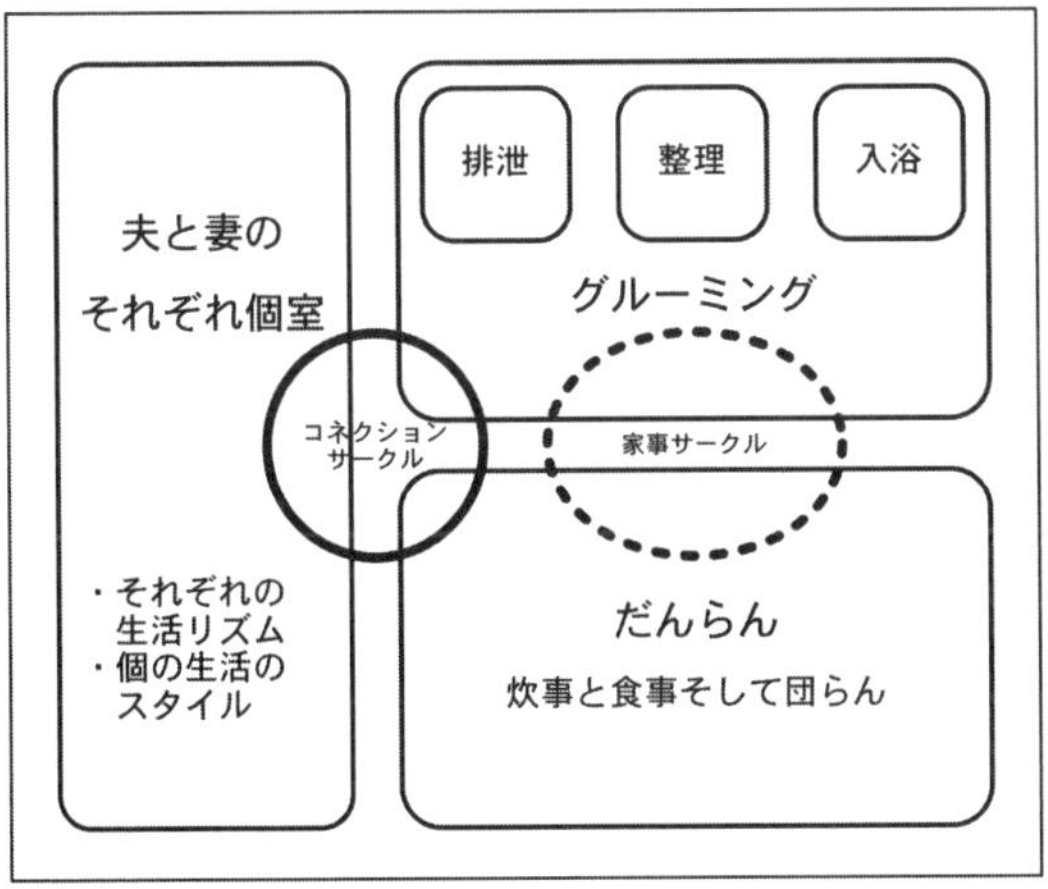

「居間のない家」空間概念図 ＜動きやすいかんたん動線＞

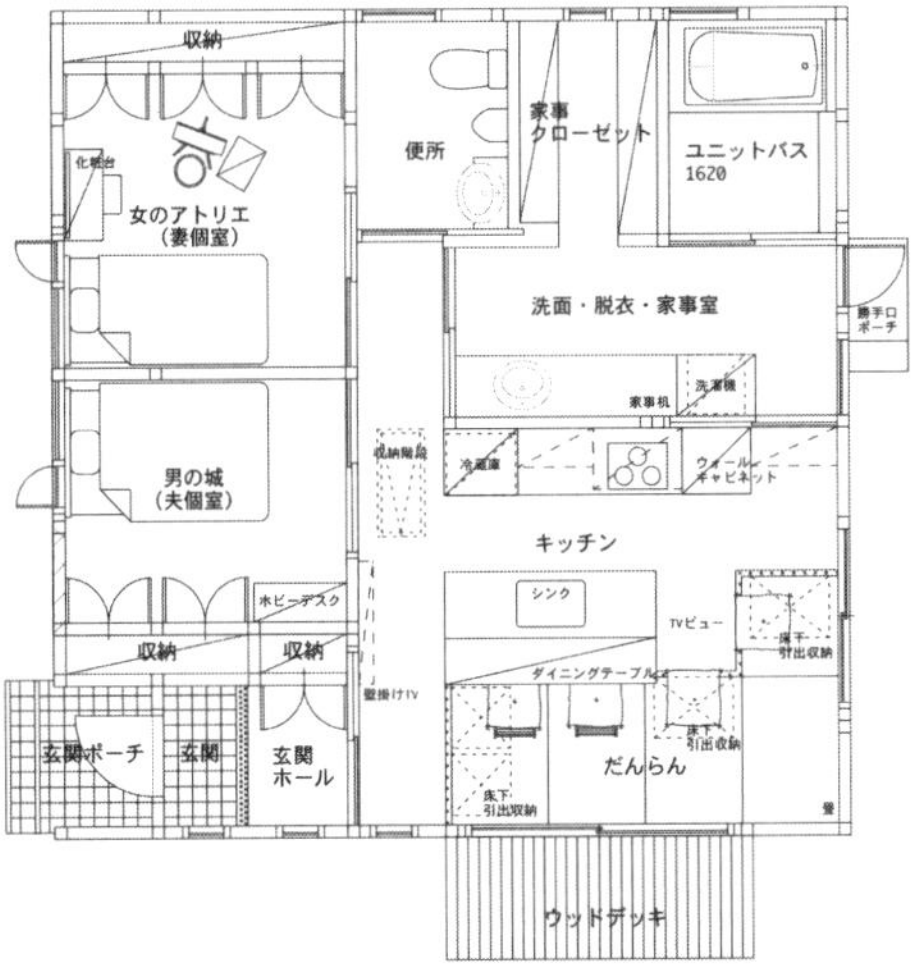

夫婦ふたり住まい「居間のない家」間取りの例

コラム「空き家になる前からはじめる資源づくり」

不動産は、所有することに価値がある資産のひとつです。「我が家」も「親の家」も所有することに価値がある資産です。

不動産資産は誰かが必ず所有しています。

誰かが所有していることで、決められた税金を定期的に支払う仕組みになっています。

誰かが所有さえしていれば、その所有者の不動産資産として「固定資産税」という税金が課せられているのです。

その不動産資産を流通させて、お金を稼ぎ出す資源に見立ててみると、いろいろなアイデアが考えられます。不動産を所有するのではなく、流通させるための取り組みは、その家が空き家になってしまう前からはじめるのが肝要です。

「親の家」では、その家の所有者である親が亡くなると空き家になってしまう運命に足を踏み入れてしまいます。そして、相続が絡んでくると、それぞれが「我が家」を持っている兄弟姉妹にとって容易に手を付けることができないやっかいな不動産資産になってしまいます。

ここでは、「親の家」が辿ってきた同じ道を歩んでいるあなたの「我が家」が空き家になってしまう想定をして、現在からあなたの「我が家」が空き家になるのを防ぐことを考えてみましょう。

近い将来、空き家になる運命にあるあなたの「我が家」では、現在だからこそできることがあります。その家が「使いやすい家」、「住みやすい家」、「お金を稼ぐ家」であったなら、その家は他の人にも役立つ家になります。そして、役立つ家はお金を掛ける価値が生まれ、流通する資源になります。

繰り返しになりますが、大切なのは「親の家」と同じ道を辿るあなたの「我が家」が空き家になってしまう前に夫婦ふたりの暮らしが快適簡単になる家にすることなのです。あなたが暮らしやすい家は誰もが暮らしやすいと感じることができます。

あなたは、空き家になって誰も住んでいない家に住んでみたいと思いますか。誰かが快適に住んでいた家に住みたいと思いませんか。

こうしたことを考えてみるまでもなく、これまでの暮らしを振り返りながら、あなたの（所有することに価値がある）資産だからこそ、その「我が家」を快適簡単に使い果たすことを考えてみませんか。

あなたの「我が家」を快適簡単に使い果たすには専門家である一級建築士のアイデアを頼りにして下さい。多様なアイデアを交えながら「我が家」を夫婦ふたりで暮らしやすい家にすることができます。

一級建築士のアイデアを頼りにすると「我が家」をそのまま何もせずに、暮らしはじめた当時のままの仕様や間取りに「合わせて」使い続けるのではなく、時代に合わせて、加齢に合わせて、現代仕様の省エネで快適で、身体動作にやさしいバリアフリーな簡単な暮らしを送ることが思いのほか容易にできることに気付きます。

そして、あなたのこれまでの暮らしを快適簡単に変える「我が家」の見直しは、あなたの不動産資産を流通させる手立てのひとつになります。あなたの暮らしの見直しで所有することに価値があり目的になっている不動産資産ではなく、お金を稼ぐ資源にしていくことにつながっていきます。

あなたがこれまで住宅ローンで支払ったお金の総額に見合うように、「我が家」という不動産資産を自身の暮らしのために先ずは有効に使って手立てを探っていきましょう。

第5章

空き家問題解決のエキスパートたち

●「我が家」を簡単に空き家にしないエキスパートたち

「我が家」を簡単に空き家にしない、させないためには、一般的で慣じみがあって使い古されたようなアイデアにひと味加えられる専門家の知識が欠かせません。

これまでの『空き家問題』を解決するアイデアは、誰かの家が「空き家になってしまって」からの手立てが声高に叫ばれてきました。

本書では、空き家になってしまう前からできることを考えてみて、それらをやってみる手立てを考え実践するきっかけづくりを見立てて提唱しています。

近い将来あなたの「我が家」を空き家にしてしまうことを如何にして回避するのか考える時、多様な知識や事例が必要なことは言うまでもありません。

そして、「我が家」の活かし方をあれやこれやと様々な知見を集めて、その家の立地や生活の環境を見つめながら、その家の種類や間取りなどから考えられる活かし方をまとめあげる必要があります。

そのためには、その家の活かし方をいろいろな事例を交え、それらを参考にしながらも個々別々の事情に合わせながら総合的に提案してくれるエキスパート（専門家）に頼って、あなたの「我が家」を空き家にしないためにその家の活かし方を探っていくのです。

では、あなたの「我が家」を空き家にすることを防ぐために頼りにすべきエキスパート（専門家）を紹介します。

●一級建築士：建築士の中であらゆる建物の建築設計をする専門家で幅広い知識を持つ

建築物の設計や建設に関する専門的な知識が豊富な最高位の建築士国家資格を持っているエキスパートです。

一級建築士は、都市計画法や建築基準法などの法律に則って建築物を設計するプロフェッショナルです。

中でも建築物の設計や建設の専門家として家づくりに特化している一級建築士は、住まい方の提案や、家全体をひとつの空間として心地よい暮らし方を考え出して（創造して）設計図にまとめて暮らしを表現していくことを得意としています。

あなたが「我が家」に思い描く理想や感覚感性をまるで翻訳するように設計図面にまとめることができます。

「ひとつ屋根の下」での家族の暮らし方は、個別で多様な「家族らしさ」の宝庫です。

強いて表現すれば、家づくりに特化している一級建築士が創造するのは「個室が3部屋で、リビングダイニングに連なるキッチンは対面式がいい」などといった巷にあふれるいわゆる「nLDK型」の表現では、その家で暮らす家族の様子やそのかたち（n人家族）を語ることがむずかしい間取りの家です。

『空き家問題』が騒がしい現代では、あなたの「我が家」が空き家になってしまう前にその家の暮らしを快適にかつ簡単にすることが求められます。

これには、現在の間取りと家族のかたち（多くは夫婦ふたり）とこれまでの暮らし方を見つめて、一度その全てを「机の上に広げて」一つひとつ見直してみることが欠かせません。

あなたの「我が家」では、子どもが独立した後の夫婦ふたりで続いていくこれから先の「暮らしやすさ」のために、現代仕様の省エネな空間と間取りへの創りなおしが欠かせないのです。

それには、いろいろな家族が暮らす家の設計を専門にしている一級建築士の知識と経験によるアドバイスが頼りになります。

空き家にしないために「我が家」を創りなおすには、一級建築士の専門的な知識と経験から来る創造力が役立ちます。住まい手の要望、希望、こだわりなどを聞き取り暮らしやすい家に翻訳して設計図面にしてその家を現代仕様に創りなおしてくれます。

一級建築士が持っている、あなたの思いを聞き取り、磨きあげてから暮らしやすい家に「翻訳する力」が大いに役立ちます。

●宅地建物取引士：空き家を不動産資産として取引する専門家

土地や建物を「買う」「売る」「交換」する時、関係する様々な法律に照らし合わせて、その法律に則って間違いのない不動産取引を円満かつ円滑に成立させるエキスパートです。

あまり馴染みがない専門家ですが、あなたの「我が家」を売りたいと思ったら頼りになり、あなたの力になります。

法律では、不動産の取引時には「重要事項説明」という宅地建物取引士にしかできない仕事があります。これは宅地建物取引士には義務でもあり、それを怠ると罰則があります。

この「重要事項説明」がなければ不動産取引はできないことになっています。

空き家は所有することに価値がある不動産資産と言われている建物（家）です。

しかし、いざ空き家になってしまった家を売る時には、その不動産価値は土地だけで算出されて、その土地に建つ「上物」である家の資産価値はゼロ査定されて売られることになります。

こうした現実はともかく、空き家を不動産資産として売りたいと思った時には頼りにするのが宅地建物取引士です。

もしも何かの事情であなたの「親の家」を売りたい時にも宅地建物取引士に相談をしてその売却を依頼することになります。

因みに、不動産資産は所有者を変える取引、即ち「売買」が活発に行われていて、「売った」「買った」と誰にも分かりやすく、手離れも速くて、不動産業者にとってはやりやすい仕事になります。

やりやすい仕事は数の勝負と言えます。できるだけ多くの取引に関わり、数をこなす「腕の良い」宅地建物取引士がいます。

もちろん不動産資産である家を空き家にさせないことが一番ですが、もしも空き家になってしまうのならできるだけ早いうちに売却を検討されることをお勧めします。

あなたの「我が家」を空き家のままほったらかしにしないために不動産資産として売買取引を迅速に手際よくこなす宅地建物取引士は頼りになります。

ほったらかしだけはいけません。

●投資不動産取引士：投資視点で不動産資産を取引する専門家

不動産資産を投資視点で売買する時に、様々な権利関係を整理しながら解決の方法やそのやり方を助言する（コンサルタントする）エキスパートです。

所有することに価値がある不動産資産を「所有したい」という要望はその対象が広くて深く

ていろいろなかたちがあると言えます。賃貸マンションや賃貸ビルなどは所有することに価値がある収益のある不動産資産として投資の対象になっています。

空き家になってしまった家も所有することに価値がある不動産資産です。不動産資産としてその価値が算定されて、その価格が決まっていきます。

そして、空き家も不動産資産として投資対象になる場合があります。空き家を投資不動産取引士が投資対象として見立てて投資物件として購入するユーザーを探し出すことができます。

繰り返しになりますが、固定資産としての耐用年数により資産価値がゼロ査定される日本では、「上物」と言われる築古の家には「価値がない」と見立てられるケースが多く、その結果、家が建っていても「土地の価値だけ」でその不動産資産としての価値が決まり、取引価格が算定されて売買取引が行われることになります。

こうした見立てが「土地神話」の根源と言えます。そして「土地だけに資産価値がある」という「決まり」が空き家を増やす一因になっているのかも知れません。

そのせいか「上物」の家は、解体して「更地」の土地になれば見た目も良くなって売りやすいとされ、「上物」が残された土地付き一戸建てのままでは、築古の家の解体に手間も時間も金も掛かって大変と思われています。

築古の家でも「土地付き一戸建て」の不動産資産に変わりはありません。「上物」の一戸建ての家に価値を見つけて、投資用の不動産資産として再構築するために投資不動産取引士のアイデアが役立ちます。

●福祉住環境コーディネーター：「我が家」を福祉の視点で工夫したい人の強い味方

暮らしなれた家を福祉の視点で見直して、身体に障害のあるなしに関係なく、住まい手の暮らしやすさを実現する住環境を整え設えるために、福祉的・医療的・建築的な知見を総動員して提案するエキスパートです。

あなたがあれやこれやと考え、こだわり、いろいろな自分らしさを表現する「我が家」を手に入れてから暮らしはじめてどのくらいの月日が経ちましたか。その家での暮らし方に変化を感じるようになっていませんか。新築当時は不便に感じなかったところにもなんとなく違和感を覚えるようになっていませんか。

「我が家」での暮らしは、これまでの慣れもあって、新築当時のまま何も手を付けないで、「昔のままの家」の中で変わらぬ日常の時間が流れていきます。

自身の加齢と共に生活の仕方も身体の動作も変わり、新築当時に便利だった箇所もこだわったところも不便に感じるようになっていたりしていませんか。あなたは「こんなもんだ…」と諦めにも似た寛容さで不便なところを受け入れるようになっていませんか。

そんな不便に感じるところは「障害（バリア）」になりやすいのです。

こうした「障害（バリア）」は取り除いておくことが加齢に合わせた快適簡単な暮らしには欠かせません。しかし、そうした危なっかしい箇所の洗い出しはその家の住環境に慣れたあなたには見つけ出すことが難いのも事実です。

そこで必要なのは第三者の視点です。その第三者の一人が「福祉住環境」の専門家である福祉住環境コーディネーターで、彼らの福祉に関わる専門の知見が役立ちます。

あなたが暮らす「我が家」では我慢する必要はありません。自身が快適簡単に暮らしていくべきです。そして、あなたの「我が家」での暮らしが快適簡単であれば、その家は誰が暮らしても快適簡単です。その家での暮らしは魅力的に見えるでしょう。

人は「慣れる」ことで、不便や危険に対して特段の感情を持たなくなっていきます。それでも不便に感じることは都度工夫することで回避することができますが、危険なことに関してはほったらかしにしていてはあなた自身がケガをする懸念が残ります。

こうしたことから加齢に合わせた住環境の見直しも積極的に考えて手を加えていくことが肝要です。

あなたの「我が家」でも夫婦ふたりの暮らしになる将来が見えてくる時期があります。その時が「我が家」の住環境を見直して快適簡単なそして安全安心な暮らしができる家にしておく良い機会です。

あなたの「我が家」で今だからできることを福祉住環境コーディネーターの専門的な知見を借りながら一緒に考えてみては如何でしょうか。あなたの「我が家」を『空き家問題』の予備群にしない第一歩になります。

●マンションリフォームマネジャー：マンションの住戸の暮らしやすいリフォームに詳しい

文字通りマンションの住戸のリフォームの際、いろいろな人が集って住まうマンションに特有な区分所有法などの法的なポイントをおさえ、適格なアドバイスと間取り設計、見積り、建築工事の管理の調整・指導・助言をするエキスパートです。

「介護保険制度」でのマンションの住戸の改修や部屋別リフォームにも詳しくて頼りになる専門家です。

「空き家」と聞くと、土地付き一戸建ての家を連想しがちです。そして、その家を空き家のままでほったらかしにすると「治安が悪くなる」「草木が生い茂る」「ゴミが溜まる」「放火されたら危ない」「倒壊したら大変」などなど、迷惑な存在としてみられ、地域の心配事として『空き家問題』にされているように感じます。

しかし、人が住む家は「戸建て」だけではありません。いろいろな家族（一人から数人）が集って住まう「集合住宅」であるマンションの住戸も「家」です。

マンションの住戸でも、いろいろな家族が暮らし、子育てもしています。

家族が成長すると、子どもは自立して独立していきます。その結果、夫婦ふたりの暮らしがはじまることになります。その先は、マンションの住戸でも「空き家」になる運命を辿っていくことになります。

従って、マンションの住戸でも「空き家」にしない対策準備が欠かせません。

今からできること、今だからできることをマンションリフォームマネジャーに相談しながら一緒に考えてあなたの「我が家」（住戸）を空き家にしない手立てを現在から組み立てることが肝要です。

あなたのその住戸は、住み慣れている「家」なので、「こんなもんか」と全てを受け入れているのかも知れませんが、夫婦ふたりの暮らしだからこそできることややるべきことが潜んでいると考えましょう。

もちろんその住戸に住み慣れたあなたの感覚感性が大切です。

それを基にしながら夫婦ふたりの加齢に合わせた暮らしの見直しのためにマンションリ

フォームマネジャーの専門的な知識が頼りになります。

●既存住宅状況調査技術者：住み慣れた家の現況を調査して「診断書」にまとめる技術者

あなたがこれまで暮らしてきた「我が家」の建築物としての物理的な現況がどんな状態なのかを調査して「既存住宅状況調査報告書」（診断書）にまとめる技術者です。

「ハウスインスペクター」ときけば、あなたもどこかで一度は耳にしたことがあるかも知れません。

「我が家」に限らずに、建築物は年月と共に経年劣化していきます。時と共に色あせたり痛んだりしていろいろな不具合が気になるようになります。それは、見た目や雨漏りが気になる屋根や外壁などの痛み具合だったり、暮らしの利便性を左右する住宅設備の排水などにもおこりがちな経年劣化です。

既存住宅状況調査技術者（ハウスインスペクター）は、専門的な知識といくつもの建築物を

「診断」してきた経験からくる見立てであなたの「我が家」を現況調査し、その結果の概要を家の健康診断書とも言える「既存住宅状況調査報告書」として整理して経年劣化している箇所（部位）を指摘してくれます。

この「既存住宅状況調査報告書」としてまとめた調査結果を参考にしながら、家の改築改修箇所を見定めることで、改築改修の優先順位を決めることが容易にできるようになりますし、改修コストを見定める参考にすることもできます。

夫婦ふたりの暮らしのために時代に合わせた「新築仕様の家」にする第一歩にするためにもあなたの「我が家」をやみくもに改築や改修をはじめてしまう前に、こうした技術者の見立てが頼りになります。

因みにこの技術者は、一級建築士などの建築士資格を保有していることが必須になっています。建築士の知見が役立てられます。

コラム「やはり頼りになるのは一級建築士だった」

あなたは答えのない『空き家問題』の渦に巻き込まれていませんか。

もしかしたらその渦の中でも一番気になるのは「税金の優遇措置がなくなる」ことではないですか。それとも「相続登記の申請が義務になる」とか、「管理不全空家に指定されたら大変」などなど、あまりに多くの「不安な情報」に心を乱され、どうしたらいいのか分からずに落ち着いていられず、混乱するばかりではないですか。

それに、空き家のままでほったらかしにしていると行政指導で「特定空家」に指定することができる法律も整備されて、このままだと大変なことになると気になっていませんか。

こうして不安を煽られて、答えのない問題を聞かされるだけで、肝心な『空き家問題』を解決する決め手もないのが現状です。

実は、空き家になってしまった家（親の家など）に限って言えば、このままでも「今のところ」あなたの家族には差し迫った影響はありません…。意外かも知れませんが、これが『空き家問題』がどこか他人事に感じて現実味をおびてこない一因のように思います。

しかし、差し迫った影響がないので、ジワジワと『空き家問題』があなたを苦しめる文字通り大きなそして極めて個別な問題として待ち受けているのも事実です。

将来必ずおこると言っても過言ではない「親の家」の相続でその問題に向き合うことになります。

「我が家」があるあなたにとって「親の家」の問題は、我が事のようには考えることができないのも無理もありません。こうしたことが「親の家」が空き家になってから様々な手立てを考えはじめる「対症療法」になる大きな要因になっています。

何が正解なのか良く分からないなかで、漠然とした不安にかられて「今のうちに」とあなたもなんとなく役立ちそうないろいろな情報を集め整理しようとして何かしらの行動をおこしているかも知れませんが、決め手もないのでいつの間にか後回しになっているのが実際ではないですか。

あなた独りではこうした答えのない問題の整理に限界があります。それに抱えた問題を実際に解決するためのアイデアや手立てにたどり着くのも限界があります。

そこで、家づくりを専門にしている一級建築士によって整理された空き家対策のアイデアを見聞きしたり手に入れるようにすると、空き家になってしまう前にできる手立てが目の前に開けてきます。

それに「不動産資産」の家の活し方の知識を持っている家づくりの専門家である一級建築士であれば、多様な知見を総合して、空き家にしない手立てをその家の現状を見ながら探り出し、その家をお金を稼ぐ資源にするアイデアも提案してくれます。

「親の家」に限らず、それと同じ道を辿っているあなたの「我が家」も空き家にしない、させないために一級建築士が頼りになります。

第6章

『空き家』に関するろくでもない事例

●「親の家」の相続でとんでもない羽目に

「親の家を相続する」とひと言で言ってもその家に付きものの親のこれまでの近所付き合いの様子まで思いが至らないと思います。

あなたの両親の暮らしの中で隣り近所との関係が良好であったのであれば、その家の相続はあなたの「親族内の問題」だけですみますが、もしも隣り近所ともめていたら他人との人間関係の煩わしさが加わってくると考えられます。

それに加えて、「親の家」が近くにあるのならまだしも、あなたの「我が家」から遠方であるのなら気持ちも身体も休まらなくなるのではないでしょうか。

あなたが「親の家」を離れてどのくらいの年月が経ちますか。十年二十年と時が流れていくと、隣り近所だった家の人たちも世代が変わったりしてあなたと疎遠になりがちです。もしもあなたを覚えていた人がいたとしても月日と共に顔ぶれも変わるし、近隣の関係も変わっていきます。

良い関係が続いているのなら「〇〇ちゃんも大変ね…」とか気遣いもあるでしょうが、

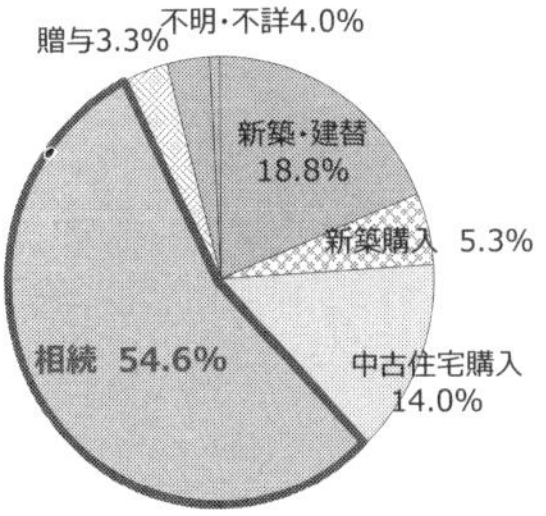

【出典】：令和元年空き家所有者実態調査（国土交通省）

図 13- 空き家の取得経緯（N=3,912）

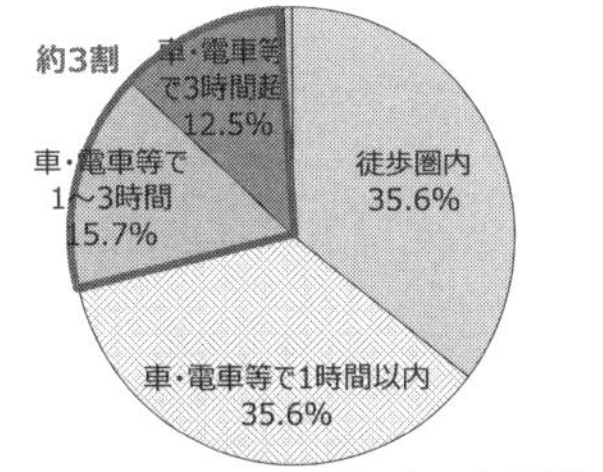

【出典】：令和元年空き家所有者実態調査（国土交通省）

図 14- 所在地と所有者の居住地の関係（N=3,912）

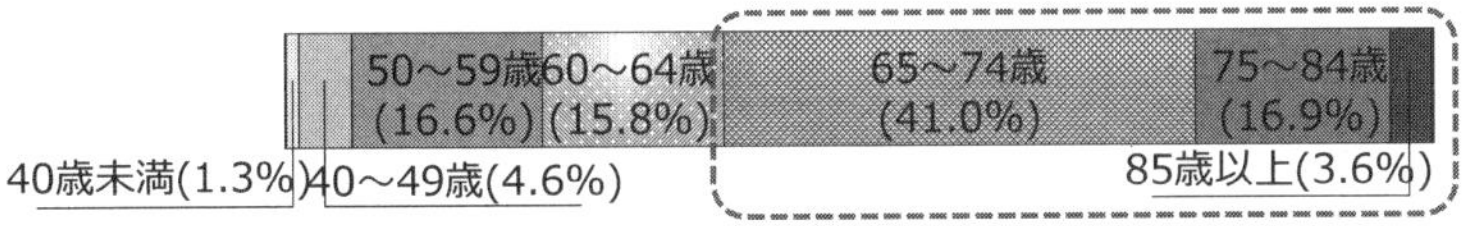

【出典】：令和元年空き家所有者実態調査（国土交通省）

図 15- 空き家所有世帯の家計を支える者の年齢（N=3,912）

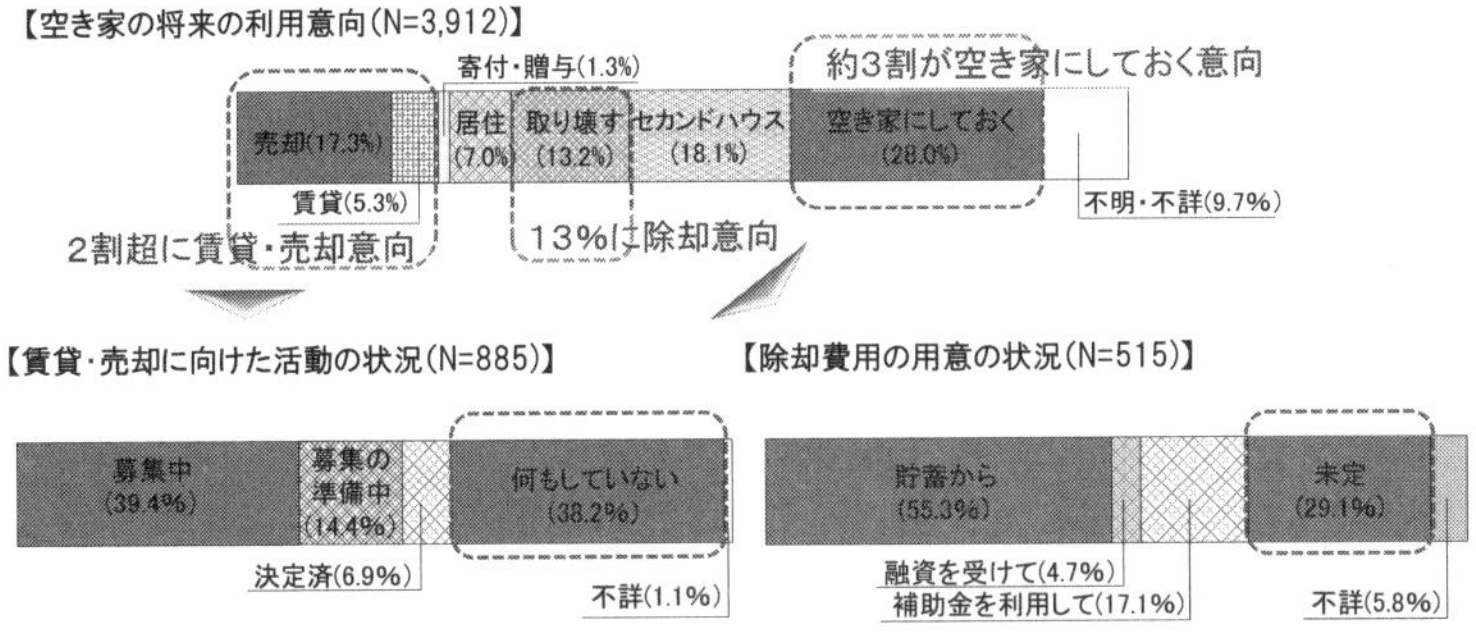

【出典】：令和元年空き家所有者実態調査（国土交通省）

図 16- 利活用に向けた具体的な活動状況

もしも隣り近所の世代も変わったり、関係がこじれていれば大変な煩わしさに翻弄されることになるでしょう。

例えば、隣地との境界線があいまいなままだったり、樹木が隣りの家に覆いかぶさっていたりと、親の世代では「お互いさま」とあいまいなままだったこともそのままほったらかしにはできずに、解決しなければならない困り事になるでしょう。

要するに「親の家」を相続するということは、それぞれの隣り近所の関係も引き継ぐことになります。そうした隣り近所との関係は、離れて暮らしていては疎遠のままになりがちで、親の代からの「感情」でのいざこざも引き継ぐことになります。

●亡くなった兄弟姉妹が住んでいた家の片付けに四苦八苦

相続は「親の家」だけでなく兄弟姉妹の家でもおこることがあります。

この場合は、「親の家」よりも馴染みが薄くて事例も少ないのが普通(当たり前)です。

「親の家」には盆暮れ正月くらいは顔を見せにいくことがあっても、兄弟姉妹の家を訪れることは滅多にある事ではないでしょう。

そんな馴染みがない兄弟姉妹の家を相続することにもふれておきましょう。

あなたは、兄弟姉妹がそれぞれ自分の家の中で使っていた私物の整理処分にはどのような印象を持ちますか。

親の私物の整理処分でも大変な印象を持たれていると思いますが、あなたの「親の家」では、親の私物に限らずに自身の私物さえそのままにしておくのも現実だし、このように残された「私物の整理」はままならないのも仕方ありません。

そのために「物置として必要」な家になっているのが「親の家」の現状と言えるかも知れません。そして、誰も住むことがなくなった「親の家」は空き家として放置されていきます。

事実「親の家」は、あなたも暮らしていた家なので、あなたの子どもの頃の私物も残っているし、ご先祖様の仏壇もそのままではないですか。

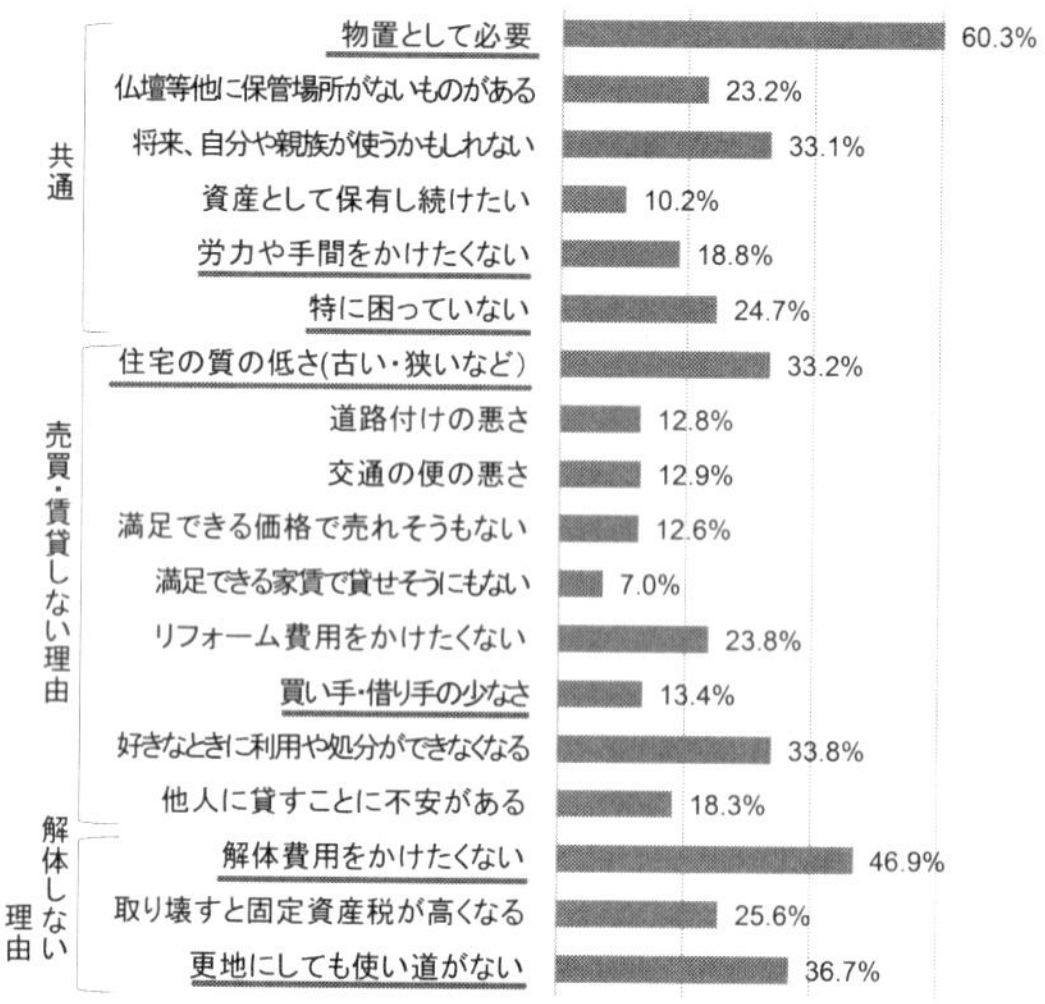

【出典】：令和元年空き家所有者実態調査（国土交通省）

図 17- 空き家にしておく理由（N ＝ 1,097、複数回答）

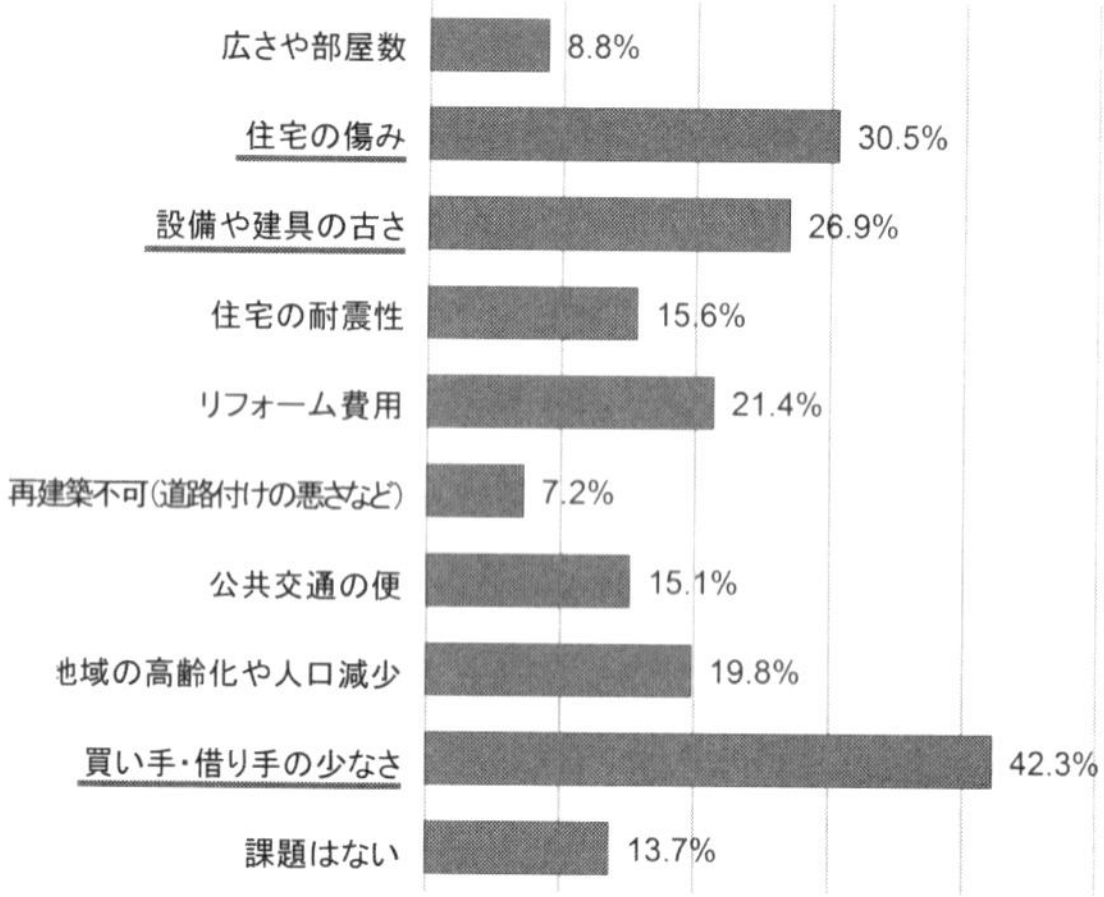

【出典】：令和元年空き家所有者実態調査（国土交通省）

図 18- 空き家を売却・賃貸する上での課題（N ＝ 885、複数回答）

そんな現実が「親の家」をそのまま空き家の状態で手つかずのままほったらかしにする原因になっているのですが、兄弟姉妹の家にはあなたの私物もご先祖様の仏壇もありません。

兄弟姉妹の家の相続は聞き覚えがないし、参考になる事例もないので、「親の家」以上にその「仕舞い方」は困難になります。

●離れて暮らした親の権利関係書類が不明で右往左往

あなたが若い頃はともかく、年を取って夫婦ふたりになると、盆暮れ正月にも顔を見にいくことも叶わない遠方の「親の家」に関しては、その現状や現実を実感する機会が減っていくのではないでしょうか。

そんな状況では、現在の近所付き合いの様子に加えて、その家の権利関係も不明で相続時に右往左往することになるのも仕方ありません。

あなたが若い頃に「親の家」に里帰りしたのは盆暮れ正月だけで、一家総出で「年中行事」のようにのんびり過ごしたことでしょう。

そんな和気あいあいでのんびりした団らんの雰囲気の中で「この家の権利関係は……」などと気に掛けることもなかったと思います。もしも普段から気になっていたとしても切り出すわけにはいかなかったでしょう。

そうして時ばかりが過ぎていざという時が訪れることになります。

そして、「この家の権利関係の書類は？」「預金通帳は？」「健康保険証は？」「年金手帳は？」「運転免許証は？」「生命保険証券は？」「企業年金は？」「携帯電話の契約は？」などなど、その時からあなたの手を煩わせる様々な手続きに翻弄されることになります。

いつかは必ず訪れることになるいざという時のためとは言え、こうした気になることの中には、親の気分を害してしまう権利関係もあり、「なかなか聞き出せない」のが現実で、その時になって右往左往することが避けられないのも仕方ありません。

あなたが親と同居しているのならなんとなく聞き出せたり、ふとした会話で察したりということもありますが、何分、離れて過ごしている日常の生活があるので、互いが気まずい思いをしてしまうのを避けたいものです。

こうしたことを予防的に上手に回避していく決め手はありません。

これればかりはその時を迎えて時間を掛けて乗り切るのが現実的ですが、せめてあなたの家族の中では予防的に手立てを自身の親子関係に配慮しながら今から考えておくことです。

あなた独りではその解決の仕方はまとまりません。一人より二人、二人より三人、自分以外に利害関係がない友人知人、あるいは専門家を交えながら良いと思える対応策を練っておくことも対策のひとつです。

●親の私物の整理処分に疲労困憊

先の項でも触れましたが、「親の家」の相続には必ず付いてくるのが「親の私物」の処分です。

親と言っても自分ではない（当たり前だけど）私人…。一緒に暮らしているのならその嗜好も持ち物もその収納する場所も、見て聴いて、肌で感じて「だいたい分かっている」ものですが、離れて暮らしているとさっぱり分からないのが現実ではないでしょうか。

前項の権利関係書類は、「親の家」を引き継いで、その家を相続して利用するためには欠かせないものですが、「親の私物」は、あなたの思いや兄弟姉妹のこだわり、いろいろな関係者の感情が混ざり合ってしまって、見極めて、諦めて、処分するなどという踏ん切りがなかなかつくものではないと思います。

こうした感情は、実際に体験してみないと分かりません。「まさかこんなものまで…」という目にしない方がよかったものまで目の当たりにしてしまうこともあるでしょう。

それに「親の家」に残されている物品は、親の私物だけとは限りません。あなたやあなたの兄弟姉妹、中には親の兄弟姉妹、もしかしたらあなたの祖父母の私物まで残されていることだってあります。

こうした様々な私物の整理処分は、空き家としてほったらかしにしてしまう原因のひとつになっています。実際に「親の家」を空き家のままにしておく理由のひとつに「物置として必要だから」があります。

「親の家」の中にある様々な物品の整理処分は、「その気にならない」のが現実です。

その家の場所があなたの「我が家」に近いのなら、気忙しい日常の合間に出向いて、そろそろとはじめやすいと思いますが、「我が家」の私物さえも整理整頓ましてや処分までなかなかできないのに、遠いところにある「物置」の代わりになっている「親の家」の中までは片付ける気にならないのではないでしょうか。

それに不動産資産としての「親の家」の仕舞い方には、相続のかたちや権利関係の登記など法的手続きというルールに則って進める必要があります。そのために時間がかかります。加えて「親の家」の中に残されている様々な物品の整理整頓処分には、「関係者の感覚感性」というハードルを乗り越えるのに手間と時間がかかります。

こうした様々な思いが詰まった物品の整理整頓処分というハードルは、「親の家」が物置として使われ、誰も住まない空き家のままほったらかしにされてしまう原因のひとつになっていると言えます。

●「特定空家等」指定で変わる税金負担への不安を煽られて

『空き家問題』を解決する手立てとして国の施策は、「特定空家の指定で固定資産税の優遇がなくなる」とか「相続登記の申請が義務化される」とか、国民の不安（このままでは損をするかも）を煽って行動を起こさせる手立てが講じられています。

国が考えている『空き家問題』を整理すると

・空き家の数は年を追うごとに増加していて二〇二三年では九〇〇万戸
・この数は三〇年間で二倍に膨らんできた
・空き家のままになっている期間が二〇年を超える比率が二割以上
・空き家を取得した理由は相続が五割以上
・相続時に必要な名義変更の登記がされずに放置される
・所有者が不明な土地は四一〇万ヘクタールで九州の面積を上回る

などと、こうした現状が解決すべき問題と考えられています。

二〇一五年に施行された「空家対策特別措置法」は、空き家を適切に管理していない所有者に行政指示や行政処分ができるようにしました。

その家の所在地である市町村により「特定空家等」に指定されると

・住宅用地特例の対象から除外され、税制上の優遇がなくなります。
・行政処分として命令が可能になって、従わないと五〇万円以下の罰金が科せられます。
・悪質な場合は、「行政代執行」により、建物の解体や樹木の伐採が可能になります。
・この際の費用は、家の所有者に請求できます。

こうした法整備に『空き家問題』を解消する国の姿勢が見えてきます。

・戸建ての家を空き家のままほったらかしにしてはいけません
・もしも空き家のままにしておいたら損しますよ
・空き家を無くしていきましょう

しかし、「そうは言っても…そんな簡単にはできない」のが多くの人の本音で、「親の家」のことは心配だけど、どうしたらいいのか、このままの方が楽だし…と、何とかしたいと思いはするけど、結果としてほったらかしのままこれまでと変わらない時間ばかりが過ぎていくのが現実ではないでしょうか。

●空き家にのしかかる負担「年間維持費二〇万円」「解体費用一〇〇万円」

巷では「親の家」を空き家のままにしておくと何かと出費が嵩んでいくと言われています。

その出費の金額は様々、「親の家」が置かれている環境で変わっていくことになりますが、誰もが自身が所有していない家にはお金を掛けたくないのがホンネ…。

しかも、その家がほったらかしにされる理由も様々で、空き家に限らずに、誰も住まなくなってしまった家は誰も手間を掛けることなく、そのまま時間ばかりが過ぎていきます。

そうした「親の家」を維持して管理していくのには、年間の維持費が二〇万円掛かるとか、この際だからと更地で売却するにも解体費用に一〇〇万円掛かるとか出費が嵩んでいくと言われます。

こうしたことで、このままほったらかしにしておくと「そんなにお金がかかるの?」とようやく気に留めるようになって、誰も住んでいない空き家や、或いは長期の入院や老人ホームへの入居などで、誰も住まなくなった家を「何とかしなければいけない」という意識を持つようになるのかも知れません。

しかし、やはり誰もが「自分が住んでいない」ので、ついつい後回しにして時間ばかりが過ぎてしまうのも致し方ありません。

あなたに只今現在あるのは、「我が家」での暮らしです。なのであなたの「親の家」にのしかかる負担は、気になるけど実感がないし、「今すぐ解決しなければならないこと」でもないし、「ついつい後回しに」できることです。そうした中で「年間維持費二〇万円」「解体費用が一〇〇万円」と具体的な数字を目の当たりにしてようやく気になりだすのではないでしょうか。

何れにしてもこうしたことがきっかけになって、こころ穏やかではいられなくなりますが、我が事のように実感して行動に移すには難しく、ついついほったらかしにしてしまうのも故無き事ではありません。

コラム「国の空き家対策に注意しよう」

「日本は住宅が余っている」と昭和の時代から言われています。

時代は平成から令和になって『空き家問題』としてよく耳にするようになりました。

国が二〇一五年に「空家対策特別措置法」を施行してから空き家が脚光を浴びて、いろいろな取り組みが話題にもなっています。

こうした『空き家問題』を定義して解決しようとする流れは、国の施策によりつくられたと言えます。

これまで日本の家づくりでは、新築の家の対策ばかりが強化されてきました。

現在では、地震対策での耐震性の強化や省エネ、環境への配慮がそのキーワードで、新築住宅の仕様を「世界の時流に合わせて」とばかり、行政から細かい指導がされ続けています。

これまで「余った住宅」をほったらかしにしておいて、『空き家問題』解決のために国民に負担を上乗せしようとしているのが現状です。

実際に、住宅用地特例の税制上の優遇を無くすことができる「空家対策特別措置法」が施行されました。

また、「相続土地国庫帰属法」がつくられました。

この法律は、国が「承認すれば」個人が所有する土地を文字通り国庫に帰属できる法律です。

この法律「相続土地国庫帰属法」では「誰も住んでいない家だし、この土地も使わないから」と、気軽に「国へやってしまおう」と考えても、いろいろな条件があり、審査もあって（審査の手数料が掛かります）、安易に国へ差し出すこともできません。

あわよくば国の審査が通って承認されたとしても「一〇年分の管理相当費用」を納めなければいけないことになります。

国が法律で定めた様々な対策を講じるにしても所有することに価値がある不動産資産に関しては「お金が掛かる」のが現実です。

話はわき道にそれますが、空き家の他に、「何を今更」感が拭えない昔からこうなると分かっていながら特段の対策がなされなかった代表的な現象は「少子化」です。

実際に十数年前から人口が減少しているし、『少子化問題』はかなり前から懸念されていました。そして「このままでは国が危ない」とばかりに議論が沸騰して久しいですが、手遅れ感は拭えずに今のところ解決の決め手もありません。

どこか『空き家問題』も同じ道を辿っているような気がしてならないのです。

それにしても騒がしくなった『空き家問題』の根幹は、国が「国民に負担して頂く」発想からはじまり、「法律の整備」の名のもとに、国の税収を増やすための手立てのように感じるのは気のせいでしょうか…。

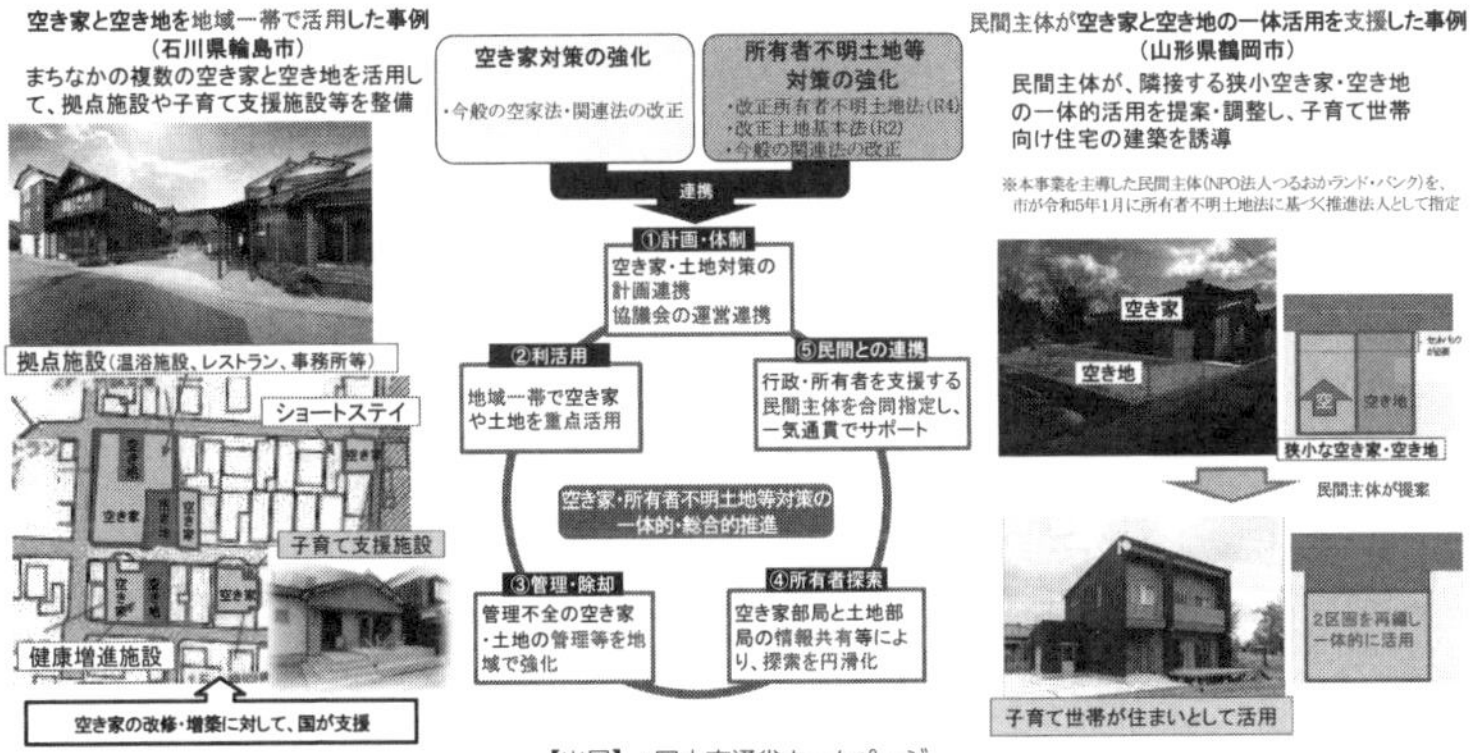

【出展】：国土交通省ホームページ

図 19- 空き家対策と所有者不明土地等対策の一体的・総合的推進（政策パッケージ）

		地方公共団体	所有者	購入者、移住者等	民間事業者等
解体・撤去		①空き家対策総合支援事業	①空き家対策総合支援事業 ※地方公共団体が支援制度を作っている場合に利用可能	①空き家対策総合支援事業 ※地方公共団体が支援制度を作っている場合に利用可能	①空き家対策総合支援事業 ※地方公共団体が支援制度を作っている場合に利用可能
利用	情報提供・把握	②全国版空き家・空き地バンク	②全国版空き家・空き地バンク	②全国版空き家・空き地バンク	②全国版空き家・空き地バンク ③空き家所有者情報の提供に関するガイドライン
	住宅として流通	④セーフティネット住宅 ⑤安心R住宅	④セーフティネット住宅 ⑤安心R住宅	④セーフティネット住宅 ⑤安心R住宅 ⑥JHF融資	④セーフティネット住宅 ⑤安心R住宅 ⑦手数料の見直し ⑧買取再販に係る税制特例措置
	用途転換	①空き家対策総合支援事業 ※地域活性化に資する用途への転用 ⑨建築基準法改正(H30)	①空き家対策総合支援事業 ※地方公共団体が支援制度を作っている場合に利用可能 ⑨建築基準法改正(H30)	①空き家対策総合支援事業 ※地方公共団体が支援制度を作っている場合に利用可能 ⑨建築基準法改正(H30)	①空き家対策総合支援事業 ※地方公共団体が支援制度を作っている場合に利用可能 ⑨建築基準法改正(H30)
発生防止等			⑩空き家の譲渡所得の3,000万円特別控除		
相談体制整備等		⑪住宅市場を活用した空き家対策モデル事業			⑪住宅市場を活用した空き家対策モデル事業

【出展】：国土交通省ホームページ

図 20- 国土交通省における空き家対策支援メニュー等（令和 2 年度末時点）

第7章

実際に空き家に関わっている一級建築士とのQ&A21

Q1「空き家は増えているのかな」

空き家が身近にないので実感がわかないのですね。誰もが自分の身にならないと「ピンとこない」ので仕方ありませんが、空き家は確実に増えています。

Q2「どうして空き家は増えるのでしょう」

あなたのご家族を考えてみて下さい。ご家族といってもご両親の現在（いま）です。あなたが育った実家（親の家）はどうなっていますか。老夫婦ふたりだけで暮らしていたり、どちらかの一人暮らしであったりではないでしょうか。しかし、あなたの実家はあなたが独り立ちした時からこうした運命にありました。

Q3「えっ？どういうこと」

もう少し踏み込むと…ご両親がその家を手に入れたときから空き家になる運命にあったと言えます。あなたが育ったその家は「親の家」で、あなたは進学や就職という人生の節目でその家から独り立ちして「自身の都合や好み」で便利と思った場所で暮らしはじめたのではないでしょうか。多くの人はそれらの節目を迎えると「親の家」で暮らしていくことができる生活環境ではなくなると思います。

Q4「そう言われたら、そうかも…」

あなたの只今現在の「身の上」を見つめ直してみましょう。高校生活までは「親の家」で勉学に励み？高校を卒業してその家（実家）を離れて、独身時代には自身の住み家を持ち、様々な生活環境の変化に合わせてやがて自分の家族をもち「暮らしやすいところ」に我が家をかまえて、自分の暮らしの場としていることでしょう。あなたは何かの都合でその家から離れることがあっても「親の家」には戻ることはしないのではないでしょうか。

Q5「…そうだとすれば、この家も空き家になるのでしょうか」

お察しの通りです。これまでのあなたの人生を思い起こしてみるまでもなく、あなたの子どももあなたと同じ人生を歩んでいくことになります。するとあなたの「我が家」の将来は空き家になることが見えてきますね。子どもは「親の家」から独り立ちしてそれぞれが「暮らしやすいところ」に持ち家を構えて生活の基盤をつくることになります。

Q6「そうだとしても、この家を空き家にはしたくないですが」

もちろんそう思われるのが普通です。我が家を手に入れた時のきっかけや出来事があって、こだわったところや妥協したところなどがあったとしてもいろいろな思い出や思い入れがある家ですね。その家を将来誰も住まない家「空き家」にするなんて想像したくないですね。

Q7「でも、冷静に考えたらしかたないのかも…」

私たちが生まれ育った国日本では、昭和の時代から「日本は住宅が余っている」といわれてきました。マンション住戸を含めた住宅の数が世帯数を上回っていたのです。時代は平成から令和になり、誰も住まなくなった家を『空き家問題』として定義して「何とかしないと…」と関係省庁が様々な施策を打ち出して、税制の仕組みも変えています。しかしその効果は果たしてどこまで期待できるのか誰にも分からないと思います。

Q8「どんな税制になったのですか」

家が建っている土地の「税金が六倍になる」と大きく取り上げられています。固定資産税の優遇措置である「家が建っている土地の税額が更地の六分の一」が条件付きで撤廃されました。誰もが六倍ときくと驚くのではないでしょうか…。そして、このままだと損するのかなと焦ってしまうと思います。

Q9「確かに六倍はほっとけないです…」

冷静に土地の税金の基になる数字を探ってみることをお勧めします。各市町村が査定する固定資産税評価額が基準になります。これは土地の「公示価格」の七割程度と言われています。土地に対する税金は複雑なのですが、「固定資産税評価額」と言われる数値に一．四％掛けた額が固定資産税になります。この金額が「やっぱり」高いのか「思ったより」安いのか、その受け取り方は様々です。

Q10「家の税金が高くなるのは確実ですか」

さすがに全国一律で無条件に固定資産税の特例がなくなったわけではありません。国の定める法律にはお決まりの「…ならば」という条件が付けられています。少々長くなりますが条文では…「そのまま放置すれば倒壊等著しく保安上危険となるおそれのある状態又は著しく衛生上有害となるおそれのある状態、適切な管理が行われていないことにより著しく景観を損なっている状態、その他周辺の生活環境の保全を図るために放置することが不適切である状態にあると認められる空家等」を『特定空家等』に指定できるようにしました。この『特定空家等』に指定されることで税金の特例がなくなります。従って、必ずしも税金が高くなるわけではありません。

Q11「それなら空き家がそのまま放置さるのではないでしょうか…」

同感です。この取り組みは「空家等対策の推進に関する特別措置法」（通称：空家等対策特別措置法）によるものですが、「空き家を何とかする」という国の姿勢を表しているのではないでしょうか…。強制力は弱くて、対策を講じれば『特定空家等』の指定も解除できることになっています。

Q12「ということは空き家を減らす決め手にはならないということですね」

その通りかと思います。このままでは空き家は増えることはあっても減ることはないでしょう。あなたの親が住んでいる「親の家」は近いうちに空き家になることが予想されますね。しかし、ここではあなたが現在住んでいる家の将来を考えてみて欲しいのです。

Q13「えっ?どうしてですか」

日本の社会の仕組みと言っても言い過ぎではないと思いますが、「親の家」で育った子どもは自立していき進学や就職で独り立ちしていきます。そして、勤務する会社の都合に合わせて暮らす場所を選んで家を手に入れて生活の基盤をつくっていきます。「我が家」があるその場所を気軽に離れることができないし、近い将来には会社の都合で転勤することもあります。「もしかしたら転勤があるかも…」と頭を過ったとしても多くの人は「我が家」を手に入れることになります。

Q14「確かにその通りかな…」

日本は「新築住宅が手に入りやすい」国です。私たち日本人は「新しいもの好き」な国民性とも言われています。何でも新しいものが手に入りやすいのです。住宅も同じで、そこに国としての施策も関わっているので自分の好みを実現しやすく「立地」と言われるその住宅が建つ場所もその時々で自由に選ぶことができます。こうした「好条件」の中で新築の住宅を手に入れることになります。自分が育った「親の家」があるにも関わらずに…。

Q15「そうして手に入れた我が家が空き家になるのですか」

思いもよらないことかも知れませんが、いろいろな「好条件」で手に入れたあなたの家は、子どもが自立して独り立ちしていくことで空き家になりやすくなります。あなたの家は空き家の予備群です。繰り返しますが、あなたの「親の家」を見れば分かりやすいと思います。

Q16「そう言われたら実家は空き家になりそうな気がしますね」

子どもが独り立ちして家を出てそれぞれが「我が家」に暮らしていると「親の家」のことは気にしなくなってきます。そうした中で改めて「親の家」のことを考えるのはその相続が自分の身に関わり出した時になります。両親のどちらかがご在命の時は特別な事情がない限りさすがに空き家になりません。

Q17「親が亡くなった時の相続が気になってきました」

まさにそのタイミングでほとんどの人が『空き家問題』を考え始めることになると思います。何故なら、あたには「我が家」があるので、あなたの実家である「親の家」は住む人がいなくなって空き家になるのです。

Q18「それは避けたいです…」

あなたの「我が家」を空き家にしない手立てを考えるきっかけのひとつとして、今から「親の家」を空き家にしない手立てを考えることを勧めておきたいです。「親の家」をどう使って、どう生かしていくのか考えてみませんか。

Q19「どんなことが考えられますか」

「親の家」にはあなたを含めた「両親の家族」が暮らしてきました。その家には人が住み、隣り近所とのコミュニティをつくってきた歴史があります。その家だけで「空き家にしない」手立てを考えては不十分です。その家の周辺環境やロケーションなどの立地、家の間取りや構造など様々な条件を考慮に入れながら「できること」をあれやこれやと考えてみることも空き家にしない第一歩です。あなたに役立つ空き家対策には一般解はありません。

Q20「もしも相談するとしたら誰ですか」

ひとつだけ言えることは不動産業者には「気軽に相談」は止めておきましょう。不動産業者は「不動産取引の専門家」です。家を売買物件として扱うことには長けています。大切なのは空き家になってからの売買取引でありません。空き家になることを避ける手立てを住んでいる人がいるうちから考えることです。これには住宅の活用に詳しい専門家（一級建築士など）に頼ることをお勧めします。

Q21「なんだか空き家にしない手立てがありそうな気がしてきました」

家を空き家のままにしないアイデアは多種多様です。しかし、人は「対症療法」でのその場しのぎのような対策を考えてしまいがちです。何か事が起こった時に都度の対処が分かりやすくてやりやすいのです。

巷間の『空き家問題』解決策も「空き家になってしまった」家の活かし方の事例ばかりです。

しかしここでは、知恵を絞って「今だからこそ」できることをやって、「根治療法」として「親の家」そして「我が家」を空き家にしない取り組みをやってみることをお勧めします。

そのとっかかりのひとつとして「誰も住んでいなかった家には誰も住んでみたいと思わない」現実を考えてみるのです。

近い将来空き家になりそうなその家を楽しして快適に老後を過ごすことができる家に創りなおすのです。あなたが住みやすい家は、誰にとっても住みやすい家になります。その家が空き家になる前に自分たちの快適簡単な暮らしのために活用するのです。

住み慣れた家を空き家にしない多様な知見を持った一級建築士がそのお手伝いをしてくれます。一級建築士の知識と経験の扉をたたいてみて下さい。意外に入りやすくて話しやすいです。

あなたとの会話の中からきっと解決方法を探し出してくれることでしょう。

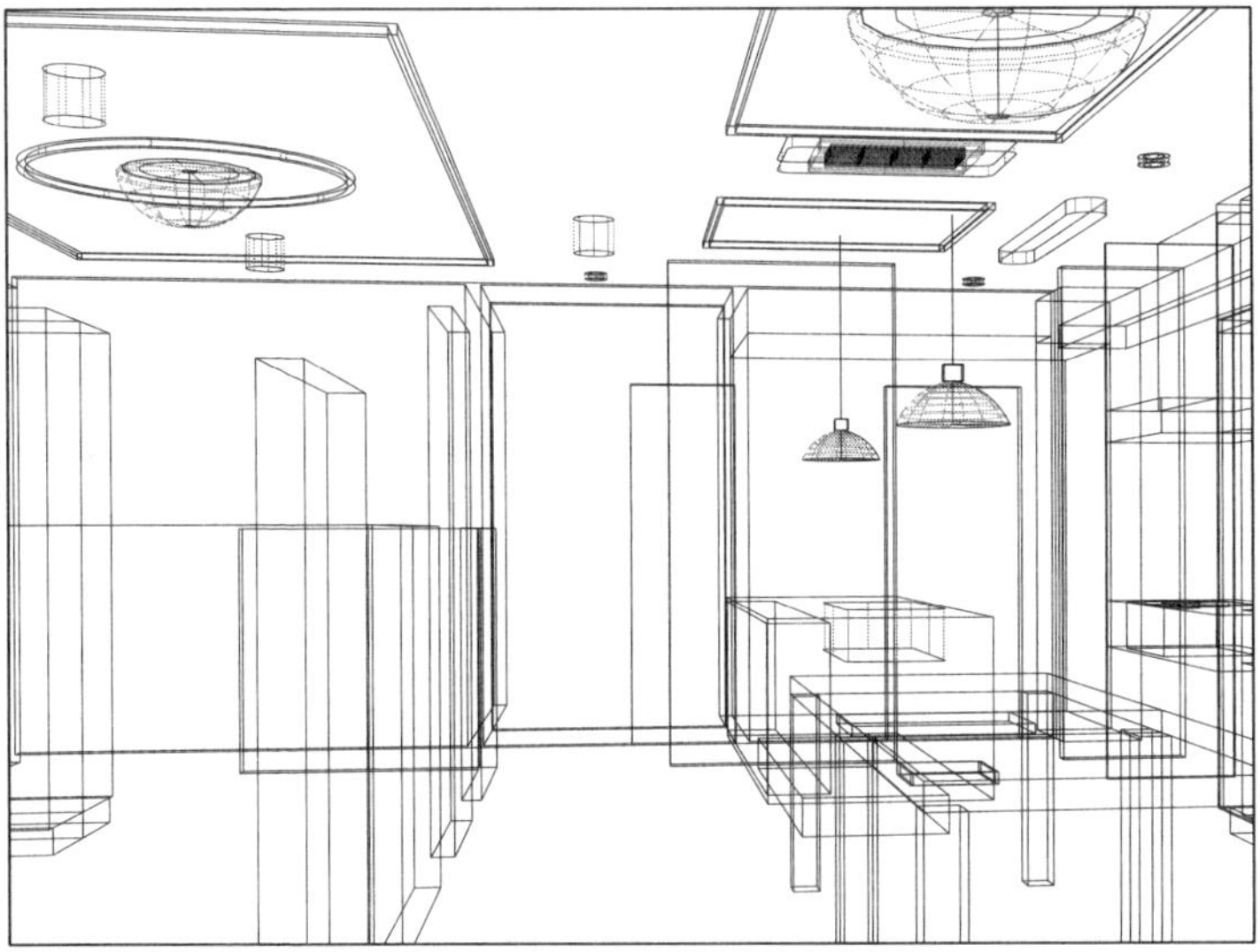

子育て住戸内観パース

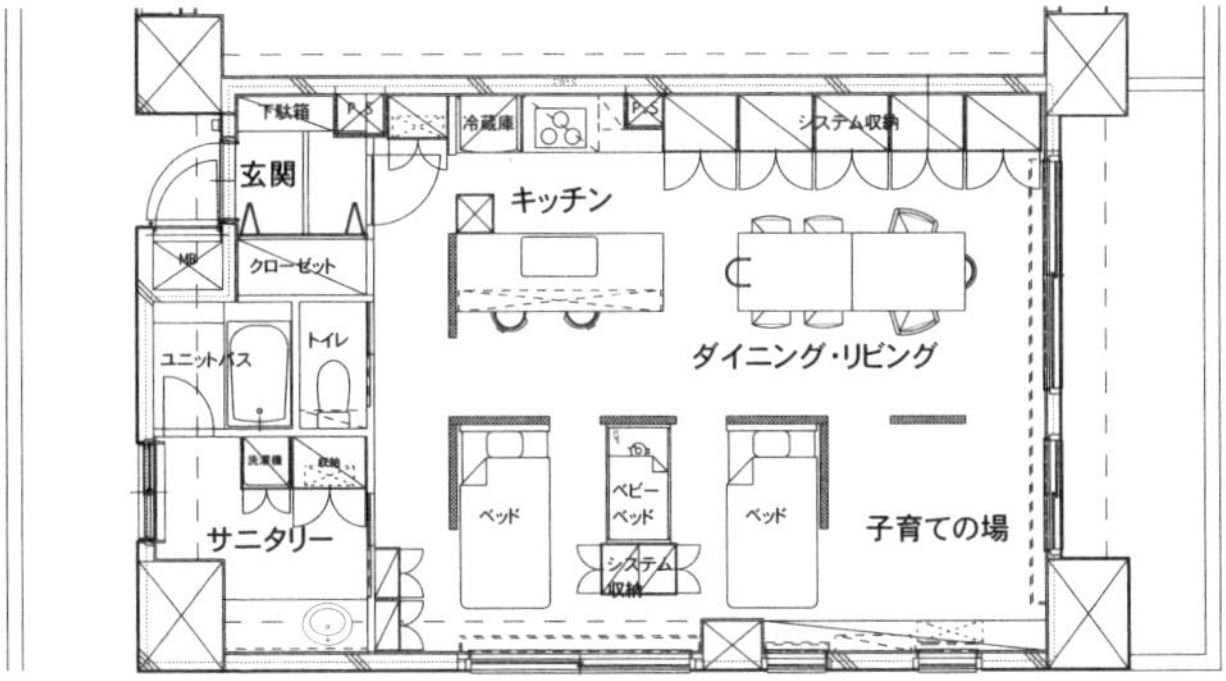

子育て住戸間取り

高さが様々な「腰壁」でワンルームの演出
程よく視線を遮り微妙な個を保つ役割有

コラム「マイホームを空き家にしない秘訣があった」

マイホームを空き家にしないさせないためにと、「こうすると有利になる」とか「このままでは損する」とばかりに国が定義した『空き家問題』の解決への施策には翻弄されがちです。

大切なのは「この家をこうしたい」と、こころの奥底から湧き出てくるあなたの感覚感性による欲求（やりたいこと）を明らかにしてみることです。

損得ばかりですと「その場限り」の対症療法的に考えて、そのタイミングで良いと言われていることに流されがちになります。そして、その具体例の多くはその家を不動産資産として売ってしまうことだったりするのが現状です。

現在、社会で騒がれている『空き家問題』の家はあなたにとって自身の家ではないので、いろいろな事例を見たり聞いたりしても我が身のことのようには感じないのも仕方がありません。それに、もしも「親の家」が空き家になっていても親兄弟姉妹の「昔の家族」の中の様々な事情もあって、ほったらかしのままなのかも知れません。

このように現状の『空き家問題』の家に関しては、空き家になってしまった家であり、誰にとっても今のまま空き家であったとしても自身の問題になる家ではないので実感が湧いてこないし、今すぐに解決する必要に迫られないのも致し方ないと思います。

只今現在はそのままで良いのかも知れませんが、このままでは近い将来に、その家の「対処分」に大変な手間と時間を費やすことになる現実も待ち構えています。

それでも万が一『空き家問題』に直面した時には「これまでほったらかしにしてきたツケ」と割り切って、「対症療法」をやりながら丁寧にひとつひとつ目の前の問題に対処していろいろな困難を乗り越えていく気になれば時間が解決してくれるでしょう。思いのほか長い時間がかかるでしょうけど…。

そこで提案しておきたいのが事前に「こと」をおこすことです。

「こと」とは不動産資産の見方を変えることにつながっていきます。

不動産資産は所有することに価値がるとされています。その不動産資産をお金を稼ぐための資源と考えて、予め「親の家」や「我が家」を生かして流通させる手立てを講じておくことです。

その時に直面して、相続して、持て余して、空き家にして、ほったらかしにする「親の家」

の姿は、将来のあなたの「我が家」の姿と重ねておく必要があります。
あなたの「我が家」は、将来夫婦ふたりで暮らす家になり、独り立ちしていった子どもが戻ってきて暮らし続けることもなく、あなたの子どもにとってあなたの「我が家」は、あなたと同じ思いをさせられる「親の家」になります。

そんな思いを子どもにさせないために、少なくともあなたが「我が家」を使い果たすために、加齢に合った暮らしができる家で春夏秋冬いつでも快適簡単に暮らすことができる現代仕様の住環境をつくっていくことをお勧めしたいのです。

こうした取り組みがあなたの子どもに「親と同じ思い」をさせない第一歩になります。

あなたは「誰も住んでいなかった家」と「誰かが住んでいた家」を二者択一で選ぶのならどちらの家を選びますか。
「誰も住んでいなかった家」は空き家です。何かの事情で空き家のままになっていた家です。「誰かが住んでいた家」は最近まで住人がいた家です。その住人が手入れしながら快適簡単に暮らしていた家をあなたは選びませんか。

今からでも決して遅くはありません。いえ、今だからこそ家づくりの専門家である一級建築士と二人三脚のように会話しながら「我が家」の空き家対策をはじめる良い機会が訪れています。

おわりに

令和の時代になって五年を越す月日が経ち『空き家問題』の話題が騒がしくなりました。

昭和の時代に、日本は世帯の数を住宅の数が上回り「日本は住宅が余っている」と言われはじめました。これは、時の流れの中で『空き家問題』への対策を講じることができなかった証と言えます。

平成から令和になって増税の時代になりました。私たち国民にはあまり目立たないかたちで国の税収が増える仕組みになってきています。

所有する資産に関わる税制では「相続の仕組みを変える」として、贈与税が増税されました。代表的なのが「年間の贈与金額一一〇万円」の特例「相続時精算課税制度」が変わり、相続開始前7年以内の生前贈与は相続財産へ加算されるようになりました。（二〇二四年一月から）

なんだかんだと徴税の仕組みを巧みにいじって国の税収を増やす時代になっているのです。

そして一方で、このままだと日本は国土が廃墟になってしまうという理由で『空き家問題』

が定義されてその問題を解決するために徴税の仕組みが変えられました。

特定空家等の固定資産税優遇の撤廃、相続登記の申請義務化が代表的なものです。

「ほうっておくと大変なことになる」とばかりに、私たち国民は尻を叩かれているようですが、「今更なにを言い出しているのだろう」という印象は拭えません。

国による不動産資産に対する徴税の仕組みを違う角度から見てみると、空き家のままほったらかしにしておいても国の税収は変わりません。むしろ不動産資産を売買などで動かすと必ず税金が発生して国の税収は増えることになります。

所有することに価値がある不動産資産の取引に関わる税金の仕組みでは、国には必ず税収があることになっています。しかも、不動産資産そのものだけではなく、その取引に関わった所得にも所得税という税金が掛けられています。

いろいろなかたちで国には税収がある仕組みがつくられているのです。

繰り返しますが、現在は国の徴税の仕組みがそのままで、国の税収を増やす増税の時代になっています。

この時代に家という不動産資産を安易に手放してしまうと、高い住宅ローン返済総額で手に入れた家の値段（価値）は思いのほか低くて、その一方で決して安くはない「譲渡所得税」という税金を支払うことになります。

だからこそ「親の家」「我が家」という不動産資産を有効に活用させてお金を稼ぐ資源として生かして流通させる視点が必要なのです。『空き家問題』が話題になっている現在だからこそ、空き家になってしまう前に快適簡単そして便利に暮らしやすい現代仕様の家にしてしまうことが肝要です。

本書が、あなたの「親の家」そして「我が家」を空き家にしないさせない、心地よい暮らしを実現するきっかけになって、あなたが「こと」をおこすことを心から期待しています。

令和六年十一月

家づくりの一級建築士　小林桂樹

付録　あなたが住んでいるその家はどんな家ですか？

あなたが現在住んでいる家はどの家になりますか。

・若くして手に入れた家
・子どもができてからの家
・子どもが独立した家
・老老介護になった家
・お独り様の家
・子どもの頃から住んでいる家
・配偶者が昔から住んでいた家

その家に住みはじめたきっかけは人それぞれ、いろいろな暮らしがその家では営まれていることと思います。

あなたは自身が暮らす家が「もしもこうだった」らと考えたことはありますか。

ここでは、住み慣れたその家を空き家にしないさせないための「新しい生活様式」に気づかせてくれるヒントになることを期待して「もしも○○だったら」をいろいろな家のかたち（暮らしの様子）から想像してみました。

●若くして手に入れた家

二十代での家づくり。

この言葉通りに「家賃がもったいないから」と感じて、家が自身の資産になると信じて、月々の返済額が家賃と同じ程度の住宅ローンを使って、子どもができる前に自分の家を買われた二十代の若者夫婦が増えています。

夫婦共働きで会社からの月々決められた給料という収入があるからこそできた「夢のマイホーム」購入です。日本では、住宅ローンの審査が通りやすい（借りやすい）職業は「サラリーマン」です。

このケースでのもしもは、近い将来に思った以上に子どもの数が増えたらと考えることです。

この場合、家の間取り（nLDK）になっている個室の数（n）に合わせて家族人数が制限されてしまう懸念があります。

誰もが自分の家を買う時には、家族の人数（子どもの数）を想定しながら間取りを決めることになるのが普通です。

しかし、思いのほか子どもの人数が増えたりして「こんなはずじゃなかったのに」と思ってもどうすることもできません。

それでももしかしたら、若い夫婦ふたりが家を手に入れた後に子どもの数が想定よりも増えた時の「我が家」の住まい方に工夫のしどころがあって、案外楽しい暮らしになるかも知れません。

●子どもができてからの家

子どもがある程度大きくなってからの「我が家」の購入では、家族の人数に合わせた家の間取りが考えやすくて、あれやこれやと「現在の家族の実情」をみながらの家づくりがやりやすくなります。

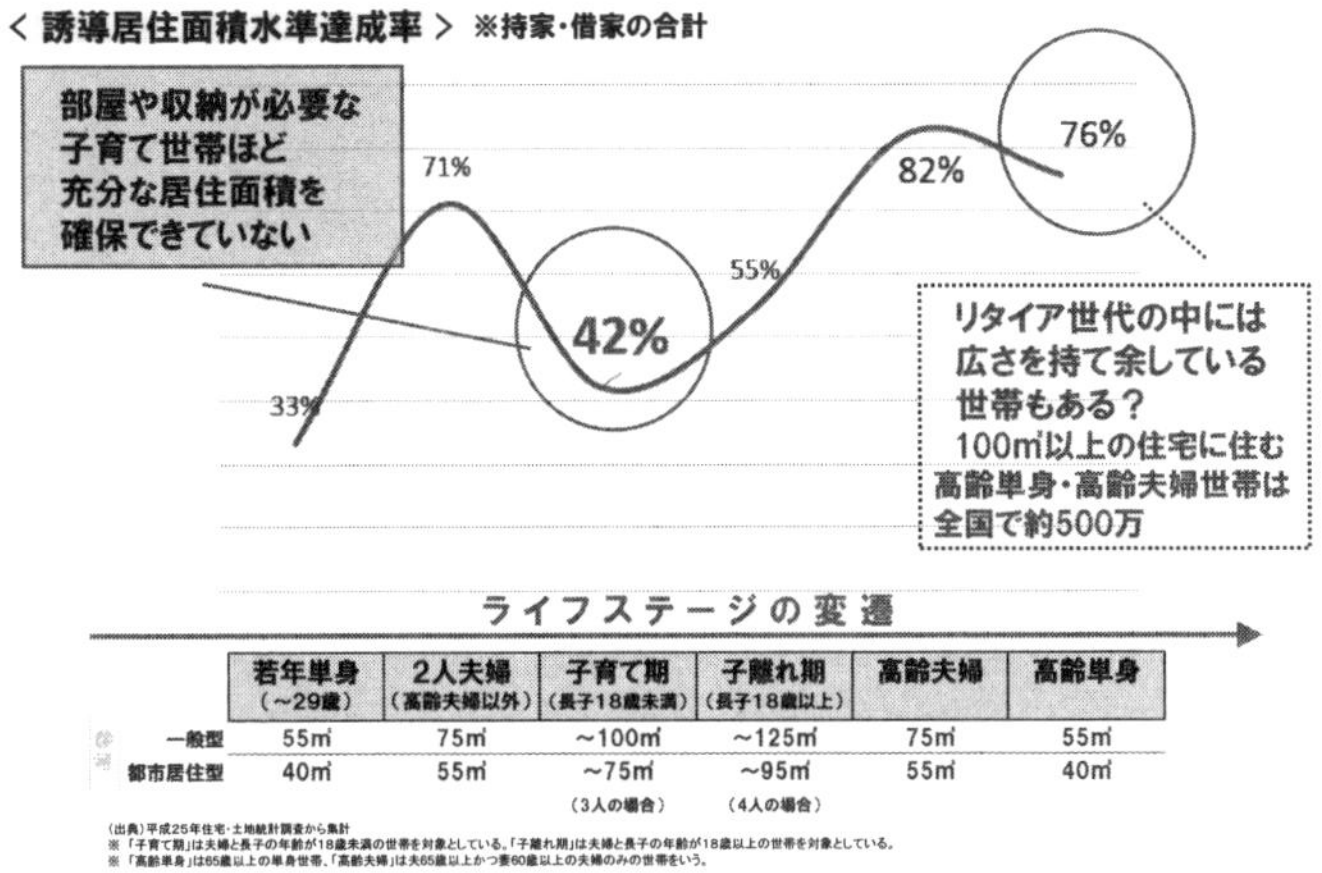

【出展】：国土交通省ホームページ

図 21- ライフステージ毎の住宅ストック

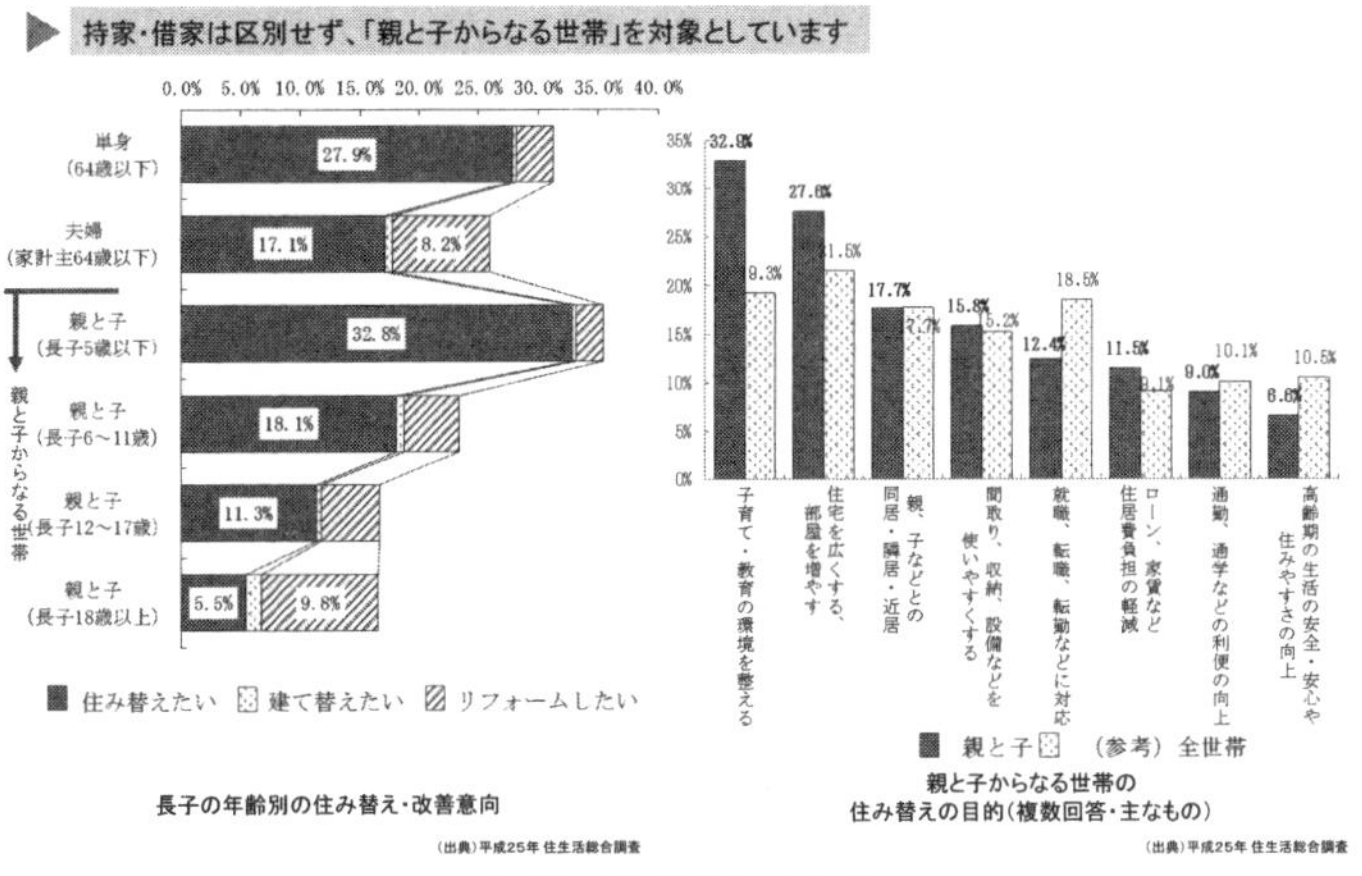

【出展】：国土交通省ホームページ

図 22- 子育て世帯における住み替え・建替・リフォーム意向

このケースでのもしもは、子どもがまだ小学生の以下の場合は「若くして手に入れた家」と同じで子どもの数が増えたらと考えることです。

一方で、子どもが中学生高校生ですと、各人の個室は大いにその役目を果たしていることかと思いますが…。しかし、子どもは個室ばかりで過ごし、滅多にリビングに姿を見せなくなります。彼らは自分の時間を過ごして自立の準備をしているのかも知れません。

実は、ここでは誰にでもありそうなのが会社都合の転勤で自分の家に住むことができなくなることです。

しかし、その多くは大黒柱（昭和的感覚）である父親の単身赴任で乗り切ることが選択されて、残された家族（妻と子ども）で「我が家を使い続ける」のが一般的です。

手に入れた家で家族みんなで暮らすことができないという現実はなんだかしっくりしないのが実感ですが…。

●子どもが独立した家

前出の事例のように子育ての時代を過ぎると誰もが経験することになるのが、子どもの自立そして独立です。

子どもが独立していった後暫くは子どもの個室として使っていた部屋は当時のまま残されることになると思います。

このケースでのもしもは、残された子ども部屋が自由に使えるようになったらと考えることです。

そしてそれは、今まで思いもしなかった暮らし方が広がっていくことに通じていきます。

その一方で、多くはその家の二階にある子ども部屋は、子どもの私物が残されることが多く、まるで物置部屋の様相を呈したままで、まるで物が物を呼ぶように、日々の暮らしの中で当面使われない物が集まっていくのが普通です。

しかし、その部屋が有効に使われるようになったら夫婦ふたりの暮らしには楽しみやゆとりが増えることになります。

子どもがいなくなり使われなくなった部屋を何に使うのかはあなたの勝手次第です。

手はじめとしては、家の片隅で過ごしていた趣味の時間に思う存分使う部屋に模様替え、主婦仲間のおしゃべりサロン、いつのまにか溢れ出している蔵書のための書斎など、気ままに考えてみては如何でしょう。

● 老老介護になった家

あなたにとってその家は「会社勤めのための家」という色合いが強いので、自身の代では通勤に便利だったそのまちでの暮らしが、様々な人生の選択の中で独立していった子どもには不便になるのは仕方ありません。

繰り返しになりますが、子どもは「親の家」から独立して離れて暮らすことが当たり前になっています。

このケースでのもしもは、子どもが自立独立して家に寄り付かなくなった後から夫婦ふたりの暮らしになることを考えることです。

真っ先に心配になるのが互いの加齢による介護です。

老老介護として市民権を得た感を強く感じるようになりましたが、年取った相手を年取った配偶者が介護することが大変で決して他人事ではないといわれて久しいです。

ここでお勧めしたいのは、いつどんな時に老老介護になるのか分からないし、どうなるのかも分からない未来の心配よりも現在の暮らしやすさを如何にして実現していくのか考えてみることです。

誰にも分からない未来になにも深刻にならずにあっけらかんとすることです。

「？？？」となりましたか。

今から備えておこうと思えば思い浮かぶのは心配や不安なことばかりですね。

そんな心配や不安は「その時がきたら考えればいいや」と、只今現在の夫婦ふたりの暮らしを楽しむためにその家でできることを勝手次第に考えてみましょう。

●お独り様の家

極稀に独り身の方が自分の家を手に入れて一人暮らしをしている「お独り様の家」が見受けられます。

何かの原因で一人暮らしになってしまったのではなく、様々な選択肢があった中で、その暮らしを選択された結果と言えます。お独り様ではあるもののｎＬＤＫの間取りの家で、洋室和室含めて三～四室ある個室を全て使ってしまっています。

このケースでのもしもは、数ある部屋を持て余してしまうことを考えてみることです。

もしも使われない部屋があるのならその家の間取りを見直してみることで、一人暮らしを勝手次第に楽しむことができます。一人暮らし故の家のゆとりがそこに住まうお独り様らしさを演出してくれます。

※都会では「投資用マンション」として、お独り様であるうちに、自分の暮らしのための家ではなく、資産形成のひとつとしてマンション住戸の購入するケースが見られます。

所有することに価値がある不動産資産の捉え方を表している事例です。

●子どもの頃から住んでいる家

両親が（もしかしたら祖父母の代から）暮らし、家族が増え、その家で生まれ育ち、結婚してからも両親との同居暮らしをはじめたその家は、家族みんなが住み慣れた家になっていると思います。

昭和の時代では日本の各地域で普通にみられた「大家族」暮らしの姿です。

平成から令和に時代が変わり、世代を越えて同じ家、同じ場所で住み続ける「大家族」が少なくなっています。これは、日本の社会の特色のひとつで、独立した（独立しなければならなくなった）若い世代が家を手に入れやすい環境が整えられてきた結果と言えます。

しかし、それでも代々同じ家に住み続けて、子どもの頃から何世代も一緒に暮らしているケースが見受けられます。この家では、三世代同居（父母、自分の夫婦、子ども）での大人数の家族が当たり前です。これまで暮らしてきた家は家族のかたちが変わっても馴染みがあり、家族それぞれの居場所があり、「心地よい距離感」で家族の絆がいつの間にか根付いていきます。

このケースでのもしもは、人数が増えたり減ったりと家族のかたちに変化がおこったらと考えることです。

それでもいつもの暮らしが続いていくと思われます。何故なら幸いこの家は部屋の数も多くて、家族の成長にも合わせて個室を使いこなしていくことが容易にできる家だからです。

世代を越えて「大家族」が暮らすことができる家は、家族が減っても使われなくなった部屋を整理して空き室のままにしておくことが普通です。これは必ず家族の誰かが使うことになるからで、こうした使い方ができる家なら真の不動産資産と言えるのではないでしょうか。

子育ての役目を終えたとばかりに空き家になってしまう家とは違い、世代を繋いでいくことができる家が所有することに価値がある資産です。

一方、一世代での使い切りの家は、お金を稼ぐ資源にする手立てを考えましょう。

●配偶者が昔から住んでいた家

この家には、配偶者が子どもの頃から自分の家族と一緒に住んでいて、結婚を機に配偶者の親兄弟姉妹と同居するかたちで暮らしはじめます。これは、結婚することが「家に入る」と言われ、配偶者の家族と同居するのが普通の姿であった時代の話です。

しかし、稀にはなりましたが、今でもこのかたちで多世帯の暮らしをしている家族が見受けられます。

このケースでのもしもは、「嫁と姑」の古の問題も見聞しますが、次の世代にその家を繋いでいくことが考えられることです。

同じ屋根の下で寝食が一緒なので、いろいろな行き違いがではじめると収拾がつかなくなるのが「嫁と姑」（他人同士）の関係と言われていますが、この問題は時間が解決してくれます。そして、世代を繋いで住み続けることができる「包容力」があります。

その一方で、次の世代がその家に一緒に暮らすか否かは時間が経たないと分からないのも普通です。

しかし、所有することに価値がある不動産資産であるならば、世代を繋いでいく家であって欲しいと願うばかりです。

コラム「コロナ禍で考えたもしも…」

二〇一九年から世界中を巻き込んだ新型コロナウィルス感染症の蔓延（コロナ禍）に二〇二三年にようやく終息の兆しが見えてきました。そして、社会が「コロナ前」に戻ってきています。

コロナ禍では、通勤を避ける「リモート」での勤務が広がり、子どもの通学もなくなり、家の中だけの勤務や授業や講義の受講が強いられていました。

「我が家」での暮らしの中に、朝家を出て夕方や夜に家に帰ってくるまでにやっていた「家の外」での生活が「家の中」に入り込んだと言えます。

当時は、家の外に出ないで人同士の接触を避ければ感染症の罹患を防ぎ、コロナ禍が終息していくと考えられました。その流れで、家の中だけの生活が強いられ、暮らしも仕事も「我が家」の中で完結させることになりました。

私たちは難しい感染予防対策を個別に迫られたようなもので、様々な感染症対策が叫ばれ、「一体何が良いのか分からない」状態で日常を過ごしました。

しかし、新型コロナウィルス感染症が蔓延しても「我が家」の中での暮らしは変わるものではありませんでした。「防ぎようがない」が実感で、新しい生活洋式も簡単に根付くはずもありませんでした。

感染防止に有効といわれた「マスク着用」は家の中では習慣になりにくかったし、ソーシャルディスタンシングの取り方だって明確になることはありませんでしたし、感染症の蔓延をどの程度防ぐことができたのか釈然としませんでした。

感染者を減らすための有効な対策と言われ続けた「三密を避けて」「人流を抑えて」「いつでもマスク着用」「手洗いの徹底」「体温のチェック」などの様々な行動配慮も個々別々の家での生活には馴染みませんでした。

各人の感覚的な気遣いに頼られては、コロナ禍に必要とされる新しい生活様式はいつまで経っても感性的な好き嫌いになってしまっていたようで、現在ではすっかり影が薄くなってしまいました。

ましてや「感染を拡げている」といわれた飲食は、家族の団らんには欠かすことが出来ないのが本音です。ひとつだけ手軽にできたのは、家族そろっての飲食の時の「こまめな換気」だけになりました。

こうして振り返ってみると、コロナ禍での新しい生活様式には正解がありませんでした。

結局、あなたも「家族でどのような生活がしたいのか」を考えていろいろな手立てをやってみた「思い出」が残っているだけではないでしょうか。

改めて思い起こしてみると、あなたらしさが「我が家」の中で表現されていたのではないでしょうか。

当時、コロナ禍前と変わらない日常が流れていた「我が家」では、新しい生活洋式に思いを巡らすことはなかなかできたものではありませんでした。「いつもと変わらない」のが日常なので、いつもと同じ時間が流れていきました。

改めて、コロナ禍での暮らしを振り返りながら、あなたが現在暮らしている家にいろいろな「もしも」を考えながら「我が家」での暮らしを見つめ直してみて下さい。

これまで紹介したいろいろな家でのいろいろな「もしも」で、「我が家」の使い方に違った見方がみえてきて、これからの暮らしの参考になるのではないでしょうか。

いろいろな「もしも」で、これから先の夫婦ふたりの暮らしのヒントになることも期待しています。これらの「もしも」をあなたの「我が家」での夫婦ふたりのこれからの暮らし方の発見につなげて空き家にしないさせない手立ての参考のひとつにして下さい。

小林桂樹（こばやし　けいじゅ）
一級建築士・宅地建物取引士
東京理科大学理工学研究科修士課程建築学専攻修了
山梨県生まれ。多くの大工棟梁を育てた工務店の三代目として育つ。
家業をベースにした「地場工務店を経営する一級建築士事務所」にて地元の家づくりに取り組み「住まう人のやりたいをかたちに」を経営理念とし、間取り設計から新築やリフォームの建築工事までをワンストップに取り組む。建築業と不動産業から『空き家問題』に取り組み、さまざまな家族が暮らす家を空き家にしないリフォーム・リノベーションに一級建築士として不動産取引士の知識と経験と合わせて『空き家問題』の解消に挑む。
第1回山梨木造の家コンテスト優秀賞、第2回山梨木造の家コンテスト最優秀賞、環境省主催 LowCarbonLife-DesignAward2009 佳作、やまなしデザインコンペティション2009フルーツを彩るプロダクト入選、伊丹酒蔵通り『のれん』のデザイン採用など多数の賞を受賞。
一級建築士、宅地建物取引士の他にも、インテリアコーディネーター、インテリアプランナー、マンションリフォームマネジャー、福祉住環境コーディネーター2級、キッチンスペシャリスト、DIY アドバイザー、既存住宅状況調査インスペクター、ファイナンシャルプランニング技能士3級など、家づくり・リフォーム・リノベーションの専門家として多数の資格を有している。

その家が「空き家問題」になる前に読む本
一級建築士が伝えたい『空き家問題』解決法

2025年1月20日　第1刷発行

著　者――小林桂樹
発　行――日本橋出版
〒103-0023　東京都中央区日本橋本町2-3-15
https://nihonbashi-pub.co.jp/
電話／03-6273-2638
発　売――星雲社（共同出版社・流通責任出版社）
〒112-0005　東京都文京区水道1-3-30
電話／03-3868-3275

ISBN 978-4-434-34453-4